Objetivo: Democracia

Historia

Juan Fernández-Miranda

Objetivo: Democracia

Crónica del proceso político que transformó España

Esta obra ha obtenido, por unanimidad, el Premio Espasa 2024, concedido por el siguiente jurado: Pedro García Barreno (presidente), Leopoldo Abadía, Emilio del Río, Fernando Rodríguez Lafuente y Pilar Cortés.

Espasa, un sello editorial de Editorial Planeta, S. A.
Avda. Diagonal, 662-664, 08034 Barcelona (España)

Adaptación de la cubierta: Booket / Área Editorial Grupo Planeta a partir de la idea original de © José Luis Paniagua
Ilustración de la cubierta: © Luis Alonso / archivo ABC
Primera edición en Colección Booket: octubre de 2025

Depósito legal: B. 13.850-2025
ISBN: 978-84-670-7902-9
Impreso en España

Biografía

Juan Fernández-Miranda es periodista. Adjunto al director de *El Confidencial*, es analista en RTVE, Cope, La Sexta y Telemadrid, entre otros medios, y ha publicado otros tres libros: *El guionista de la Transición* (2015), biografía de su tío abuelo Torcuato Fernández-Miranda; *Don Juan contra Franco* (2018), con Jesús García Calero, y *El jefe de los espías* (2021), junto con Javier Chicote. Durante una década fue jefe de política de *ABC* y previamente ejerció en televisión (El Mundo TV/Unidad Editorial), radio (ABC Punto Radio) y agencia de noticias (Servimedia).

Para Susana

Índice

Introducción

Franco ha muerto. España toma aliento. El mundo observa. A lo lejos, el futuro, un punto de luz al que hay que llegar arrastrando el peso de un pasado demasiadas veces fratricida. En el medio, aquí y ahora, una persona y una frase en el ambiente. La persona es don Juan Carlos de Borbón, treinta y ocho años. La frase es del dictador, cuyo cuerpo yace en la cama de un hospital público de Madrid que él mismo fundó: «Todo está atado y bien atado».

Lo demás son incógnitas. ¿Qué está atado? ¿El sistema político que ha regido en España durante los últimos treinta y seis años? Y en tal caso, ¿quién anuda ese lazo?, ¿cómo mantenerlo con el dictador muerto? Y, sobre todo, ¿para qué? Surgen las dudas, los temores. Pero hay algo más: esperanza. Una esperanza tupida por el aroma paralizante del miedo al pasado y a algo peor: a nosotros mismos. ¿Realmente estamos los españoles condenados a enfrentarnos? ¿Es el duelo a garrotazos de Goya una verdad esculpida en el mármol de la historia? ¿Es cierto, como escribió Machado, que una de las dos Españas ha de helarte el corazón? La realidad es que no: nada está escrito. Nada está decidido. Después de siglos de decadencia, y ochenta años después de que el Imperio español implosionara devolviéndonos a nuestra dimensión natural y de que nuestra intelectualidad le pusiera nombre —el Desastre del 98—, España tiene una oportunidad para ponerse a la altura de su entorno y a la altura de la historia: la libertad, los derechos humanos, Occidente. Es 20 de noviembre de 1975.

1
Don Juanito, el niño

Juan Carlos de Borbón y Borbón está casado y tiene tres hijos. Es el príncipe de España, un título creado para él. Nacido en Roma, hasta los once años vivió con sus padres en la capital de Italia —donde murió su abuelo, Alfonso XIII, último rey de España—, en Suiza y finalmente en Estoril (Portugal), a escasos doscientos kilómetros de la frontera con España. En contra de lo que puede parecer, su vida no ha sido fácil. No ha sido económica ni emocionalmente fácil. A esa temprana edad, su padre decidió enviarlo a España y poner su educación en manos de su mayor adversario: Francisco Franco. Esta decisión personal estaba cargada de sentido político: un padre que empieza a asumir en el exilio que la vuelta de la monarquía a España es más viable en la figura de su tercer hijo, primero varón, que en la suya.

Desde el final de la Guerra Civil (1936-1939), don Juan se ha enfrentado demasiado frontalmente a Franco para reclamarle la Jefatura del Estado, dar por finalizada la división entre españoles e instaurar una monarquía parlamentaria inspirada en el modelo británico. La negociación entre el general que había ganado la guerra y el aspirante a recuperar el trono de España fue, primero, por correspondencia y, después, a través de manifiestos públicos y entrevistas en la prensa. Era un diálogo sordo, porque Franco ponía como condición a don Juan que se identificara con el bando ganador de la Guerra Civil. El dictador se lo dejó claro en una carta fechada en 1942, tres años después del final de una contienda que había enfrentado a compatriotas por cuarta vez en cien años. La oferta envenenada estaba llena de sorna y de ese lenguaje diplomático a mitad de camino entre la elegancia y el cinismo:

> Es mi ilusión —escribió Franco— poder ofreceros con la jefatura total del pueblo y sus ejércitos el entronque con aquella monarquía totalitaria que vio dilatarse sus pueblos y sus mares. Y me permito rogaros meditéis estas palabras, os identifiquéis con la Falange Española Tradicionalista y de las JONS.

El pulso entre el jefe del Estado y el aspirante a serlo duró cuatro años y concluyó con don Juan cavando su propia tumba política al negarse a aceptar una monarquía azul y falangista: «Mi suprema ambición es ser rey de una España en la cual todos los españoles, definitivamente reconciliados, podrán vivir en común».

Fue en ese momento, en ese preciso instante, al renunciar don Juan de Borbón y Battenberg a una restauración monárquica de parte y totalitaria, cuando se puso la primera piedra para establecer un vínculo entre monarquía y democracia, un vínculo que buscaba resarcir el craso error cometido por Alfonso XIII cuando dos décadas atrás, en 1923, decidió saltarse la Constitución y entregar el poder a un militar. Ahí empezó el descrédito de la monarquía entre los monárquicos, que poco a poco empezaron a darle la espalda hasta que un 14 de abril de 1931 alguien proclamó la Segunda República desde un balcón de la Puerta del Sol tras unas elecciones municipales. Y nadie lo puso en duda. En el siglo XX europeo, la monarquía será democrática o no será, y don Juan lo sabía. Su modelo era el británico, la evolución, y no francés, la revolución. Monarquía y democracia.

En 1946, uno de sus principales consejeros, el lenguaraz Pedro Sainz Rodríguez, le abrió los ojos diciéndole la verdad a la cara:

—Hemos fracasado en derribar a Franquito. Está todo perdido. A Franquito no se le despega de la butaca ni con agua caliente. Tiene la idea firme, y nada desacertada, de que dos culos no caben en la misma silla. Si no coge la tisis o alguien le pega un tiro, este cabroncete nos entierra a todos[1].

Esa frase, esa convicción, fue la que introdujo en la mente de don Juan la idea de enviar a su hijo a España, decisión que tomó en 1948. La decisión de un político, pero también de un padre: don Juanito abandonó la familia y fue enviado a España para estudiar, conocer su país y representar a su progenitor y su apellido. Un niño que vivió sus primeros años bajo vigilancia y a seiscientos kilómetros de casa, lejos de una infancia ideal. Pero también un caballo de Troya en el franquismo.

Sin embargo, ¿por qué Franco aceptó la propuesta de don Juan de acoger a su hijo en España? Por dos motivos: era un modo de neutralizar los anhelos del padre de ser proclamado rey, y era un modo de enviar un mensaje a los monárquicos para que dejaran de conspirar contra él. No en vano, y en esa línea, en 1947 Franco tomó una decisión importante: aprobar

---

[1] Luis María Anson, *Don Juan,* Plaza & Janés, Barcelona, 1994, pág. 246.

una ley para consolidar su Jefatura del Estado y empezar, así, a dar forma jurídica a ese Estado resultante de la Guerra Civil. Era la Ley de Sucesión, que reconocía a España como reino, pero sin rey, y que le entregaba a él una potestad de máximo valor político: la designación de su sucesor a título de rey.

De modo que en ese lejano 1948, a la edad de once años, don Juanito es, además de un niño, una pieza esencial en la batalla por el futuro de España. Cuando aquel día de noviembre se subió al Lusitania exprés desde Lisboa camino de Madrid, conoció a través de la ventana un país en plena posguerra y arrasado por ese amarillo dominante de las sequías del interior de la Península. Con la frente apoyada en el cristal, ese niño rubio, rizoso y espigado preguntó a su acompañante: «¿Toda España es así?»[2].

Al llegar a Madrid fue recibido por la comitiva diseñada al detalle por Franco: no en el centro de la ciudad, sino en la lejana estación de Villaverde. ¿Por qué? Porque el Generalísimo no quería dar la oportunidad a los monárquicos —su única y tenue oposición interna en aquella época— de recibir al nieto del último rey. Lo que sí quiso Franco es que ese niño de once años recibiera un mensaje nítido nada más poner pie en España: ordenó que lo llevaran al Cerro de los Ángeles, en Getafe, a ver el Cristo Salvador de veintiocho metros de altura donde los republicanos fusilaron en la guerra a cinco personas. Cinco ejecuciones.

Ausente durante la visita del hijo de don Juan, pero pendiente en todo momento, al final del día Franco se interesó interrogando al jefe de la comitiva:

---

[2] José Luis de Vilallonga, *El Rey. Conversaciones con Don Juan Carlos I de España,* Plaza & Janés, Barcelona, 1993, pág. 40.

—¿Había gente esperándole en Villaverde?

—Nadie, Excelencia.

—¿Comprendió que el Cerro de los Ángeles es hoy el símbolo de mi victoria sobre las hordas rojas?

—Sí, Excelencia, estoy seguro de ello.

—¿Se ocupó alguien de recordarle al príncipe que siguen existiendo dos Españas: la de los vencedores y la de los vencidos?

—Sí, Excelencia. Eso se lo explicó muy claro el conde de Rodezno.

—Es importante que el príncipe comprenda que su padre se equivoca cuando pretende convertirse un día en rey de todos los españoles.

—Un grave error del conde de Barcelona, Excelencia.

—Un error en el que no debe caer su hijo[3].

Si algo tenía claro Franco es que el futuro de España lo seguirían escribiendo los vencedores de la guerra. Si la monarquía quería participar, debería asumirlo. Si no, se quedaría fuera, y eso era una realidad en 1948. Ese fue el contexto en el que se escribió la infancia y la primera juventud de don Juan Carlos de Borbón: ¿En las siguientes décadas, en los veintiocho años que separan 1948 de 1975, sería capaz ese joven príncipe de situarse al margen del discurso dominante en el franquismo, de mantener los principios que habían llevado a su padre a renunciar a ser rey de España, a mantener ese vínculo ya inexorable entre monarquía y democracia?

Viaje de vuelta al 20 de noviembre de 1975. El aquí y el ahora.

---

[3] José Luis de Vilallonga, *Franco y el Rey: La espera y la esperanza,* Plaza & Janés, Barcelona, 1998, págs. 104-105.

2
ESPAÑA, 1975:
CLASE MEDIA ENTRE EJECUCIONES

Francisco Franco preside, en el pazo de Meirás, su residencia veraniega, una reunión excepcional. Es 28 de agosto de 1975. Le acompañan el presidente del Gobierno, Carlos Arias Navarro, y el príncipe de España. Hay un asunto serio sobre la mesa. Don Juan Carlos de Borbón recoge el sentir internacional y pide al dictador que frene las ejecuciones previstas de cinco condenados a muerte, tres militantes de ETA y dos del FRAP, todos ellos por terrorismo.

Cuando el príncipe intercede por sus vidas, está poniendo voz a un mensaje de su padre, don Juan, pero él también se suma a la solicitud de clemencia. La comunidad internacional observa a España, pero Franco no cede. Los cinco son ejecutados casi un mes después, el 27 de septiembre. Es el último latigazo represor del régimen surgido de la Guerra Civil. Casualidades numéricas de la historia, veintisiete años antes, a ese príncipe ya le habían hablado de otras cinco ejecuciones, aunque de ideología contraria.

Francisco Franco Bahamonde fallece dos meses más tarde. Oficialmente, expira a las cinco y veinte de la mañana del 20 de noviembre de 1975, dos horas después de su fallecimiento real. Han pasado 13.382 días desde el comunicado radiofónico que anunció el fin de la Guerra Civil española: «En el día de hoy, cautivo y desarmado el Ejército Rojo, han alcanzado las tropas nacionales sus últimos objetivos militares. La guerra ha terminado. El Generalísimo Franco, Burgos, 1 de abril de 1939». Entre una fecha y la otra, España ha vivido bajo un régimen autocrático, una dictadura construida a imagen y semejanza del jefe del Estado: anticomunista y antiliberal. El elemento común a esos treinta y seis años es la falta de libertades políticas: si en la ideología política de Franco había un eje central, este era el rechazo, incluso odio, a los partidos políticos. A ellos, a lo que él consideraba su fracaso, atribuyó la necesidad de liderar el golpe de Estado contra la Segunda República del 18 de julio de 1936, origen de la Guerra Civil que le llevó al poder tres años después, y que dejó una España aterida.

En esas casi cuatro décadas, el franquismo fue un régimen que evolucionó, y con él la sociedad española. La represión política fue de más a menos, pero nunca desapareció, como demuestran esas ejecuciones de septiembre de 1975. Los comunistas que no optaban por el exilio eran perseguidos y en muchos casos ejecutados, y a los liberales o monárquicos se los enviaba a la cárcel o al destierro. Con las libertades políticas absolutamente cercenadas —reunión, manifestación, asociación— el régimen pasó de la dictadura de las primeras décadas a la *dictablanda* de las últimas; de la cercanía al nazi Adolf Hitler y al fascista Benito Mussolini durante la Segunda Guerra Mundial (1939-1945) a la alianza militar con Estados Unidos a partir de los pactos de Madrid de 1953; de las manifestaciones de reafirmación nacional contra la ONU en 1946 a la entrada en las Naciones Unidas en 1956; de la economía de posguerra al desarrollismo de los años sesenta. Es cierto que el régimen evolucionó, España creció y el nivel de vida de los españoles mejoró sustancialmente, pero también lo es que se mantuvieron la censura y el culto al líder propios de todo régimen dictatorial. La foto con Hitler en Hendaya, en 1940, y la foto con Eisenhower en el paseo de la Castellana, en 1959, reflejan la evolución del franquismo, y son una muestra del pragmatismo del autócrata para mantenerse en el poder[1].

Mención aparte merece la relación con la religión católica, convertida en confesión de Estado. En la España de Franco la ética pública la dictaba la moral de la Iglesia: ser católico era obligatorio *de facto* y la misa semanal, cita cada domingo. La teoría del péndulo, tantas veces presente en la evolución política española: de los abusos anticlericales cometidos en España durante la Segunda República, especialmente en la Revolución de Asturias, a la España católica, apostólica y romana. No obstante, la puesta al día de la Iglesia que supuso el Concilio Vaticano II (1965), y en especial el reconocimiento de la libertad religiosa, propició un alejamiento entre la jerarquía eclesial española y el Estado, de modo que los sectores más dogmáticos del franquismo permanecieron anclados aún en posiciones preconciliares. ¿Cómo tenía previsto la Iglesia española afrontar el futuro después de Franco? El nombramiento del cardenal aperturista Vicente Enrique y Tarancón en 1972 como presidente de la Conferencia Episcopal Española fue un hecho significativo de cara al futuro sin Franco.

Desde el punto de vista económico, España era en 1939 un país arrasado. La posguerra fue especialmente dura en los

---

[1] En aquella época, todavía se llamaba Avenida del Generalísimo, aunque a lo largo de estas páginas adaptamos el nombre actual, que empezó a usarse a partir de 1980.

años cuarenta y se prolongó a los primeros cincuenta. El país dio un salto importante en 1959 gracias al Plan de Estabilización y a las políticas liberalizadoras que llegaron de la mano del acuerdo con Estados Unidos, que se visualizó con la visita a España de Eisenhower. Bien se ocupó Franco de convertir la primera visita de un presidente norteamericano a España en un acto propagandístico del máximo nivel: un mensaje al mundo, el fin del aislamiento internacional y un paso decisivo para el desarrollo económico de España, aunque aún lejos de ser un régimen respetado en Europa[2].

[2] Entre 1959 y 1974, España consigue converger económicamente con los países avanzados, en gran medida gracias a la apertura gradual facilitada por las reformas asociadas al Plan de Estabilización de 1959, una estrategia de liberalización que provocó un reactivamiento económico. Otro aspecto interesante tiene que ver con la desigualdad: repuntó con intensidad a mediados de los años cuarenta y primeros cincuenta, con un máximo en 1953. Es a partir de entonces cuando empieza a contraerse. Datos obtenidos en Leandro Prados de la Escosura y Blanca Sánchez-Alonso, «Dos siglos de moderno crecimiento económico en España», *Papeles de Economía Española,* núm. 164, 2020, págs. 2-14.

Algo similar sucede con la educación. En 1970 se dio por resuelto el problema de la escolarización al haberse conseguido durante ocho años la escolarización global de la población en edad obligatoria. Entre 1940 y 1970, el porcentaje de analfabetismo pasó del 18,7% al 8,9%. Nadie que ha estado seis años escolarizado puede recaer ya en el analfabetismo. Pues bien, la escolarización total durante seis años se consiguió antes de 1964 y la de ocho años se completó en los primeros años de la década de los años setenta. Para ello, el Estado destinó cinco mil maestros exclusivamente dedicados a esta labor. Es más, la «campaña de alfabetización del 1963-1968» incorporó personal especializado y exclusivamente dedicado a ello, horario y material apropiado, libros y periódicos especialmente preparados para los recién alfabetizados, seguimiento y perfeccionamiento de su instrucción, incorporación a la educación permanente. Datos obtenidos en Joaquín Tena Artigas, «La alfabetización en España, hoy», *Revista de Educación,* núm. 268, 1981, págs. 291-297.

El resumen es que, por primera vez en la historia, cuando muere Franco, en España hay una clase media alfabetizada y con un aceptable nivel de renta, los niveles de desigualdad alcanzan cotas inéditas, aunque aun lejos de los países europeos en los que se mira, no sin complejo de inferioridad, la sociedad española. La pregunta el 20 de noviembre de 1975 es si esa sociedad española está preparada para afrontar el salto hacia la libertad y la modernidad, que no puede sostenerse sin unos niveles razonables de desarrollo económico y de igualdad social, sin una separación entre la Iglesia y el Estado y sin una cultura democrática que en los últimos dos siglos nunca ha acabado de cuajar. No es sólo el *establishment* político, es también el pueblo español y las instituciones: la Iglesia, el Ejército, el poder económico. El presente arroja muchas incógnitas. ¿Está preparada España para, por primera vez en su historia, aprobar una constitución pactada entre la izquierda y la derecha, unas reglas de juego de todos y para todos? Si se observa el pasado, no parece tarea fácil, pero si se analiza el entorno, es casi una obligación. Ya lo dijo Ortega y Gasset, la mente más lúcida del siglo XX español: «España es el problema, Europa la solución».

¿Y si se observa el presente? En el momento en el que Franco expira su último aliento, el presidente del Gobierno es Carlos Arias Navarro, una persona convencida de que el franquismo debe continuar sin Franco y de que él es su albacea.

Otro dato revelador. De no mediar la crisis demográfica asociada a la guerra y la posguerra, España tendría en 1950 aproximadamente el mismo volumen de analfabetos que en 1887, al menos por lo que respecta a la población en edad escolar. Datos obtenidos en Narciso de Gabriel, «Alfabetización y escolarización en España (1887-1959)», *Revista de Educación*, núm. 314, 1997, págs. 217-243.

3
Arias Navarro, albacea del franquismo

A las diez de la mañana del 20 de noviembre de 1975, con el cadáver de Francisco Franco aún caliente, Carlos Arias Navarro se dirige a los españoles por televisión. Es el presidente del Gobierno y lo es desde que Franco lo designó a comienzos de 1974 para un mandato de cinco años. Aún le quedan, pues, más de tres. Su primera frase en ese mensaje televisado pasará a la historia. Su rostro y el tono de su voz, también:

—Españoles, Franco ha muerto.

La puesta en escena es, ciertamente, fúnebre. Imagen en blanco y negro, traje oscuro, camisa blanca, corbata negra. Las manos, sobre la mesa, juntas. El presidente del Gobierno mira a cámara durante cuatro largos y angustiosos segundos. Tras él, su sombra, proyectada en unas cortinas onduladas. Dice «españoles» y baja la mirada. Pausa dramática de dos segundos y vuelve a mirar a cámara. Cuando pronuncia «Franco ha muerto», acompaña la frase con un enfático levantamiento de cejas, y vuelve a bajar la mirada, también el rostro.

—El hombre de excepción que ante Dios y ante la historia asumió la inmensa responsabilidad del más exigente y sacrificado servicio a España ha entregado su vida quemada día a día, hora a hora, en el cumplimiento de una misión trascendental.

El mensaje es casi mesiánico, identifica a Franco con España, y trata a los ciudadanos con enorme paternalismo:

—Yo sé que en estos momentos llegará a vuestros hogares mi voz entrecortada y confundida por el murmullo de vuestros sollozos y de vuestras plegarias. Es natural. Es el llanto de España, que siente como nunca la angustia infinita de su orfandad. Es la hora del dolor y de la tristeza, pero no es la hora del abatimiento y de la desesperanza.

Arias Navarro tiene el hondo convencimiento de que, ausente Franco, es depositario de una misión, que esboza acto seguido:

—Es cierto que Franco, el que durante tantos años fue nuestro Caudillo, ya no está entre nosotros, pero nos deja su obra, nos queda su ejemplo, nos lega un mandato histórico de inexcusable cumplimiento.

Lo siguiente será echarse la mano al bolsillo interior de la americana para extraer un sobre con el testamento político de Franco. Pero, antes de escuchar a Franco en voz de su autoproclamado albacea, ¿quién es Carlos Arias Navarro, cómo ha llegado hasta aquí y a quién representa?

Presidente del Gobierno desde el 4 de enero de 1974, alcanzó la cúspide de su carrera política inmediatamente después de que ETA asesinara a su antecesor, el almirante Luis Carrero Blanco. Con ese magnicidio, los terroristas eliminaron al hombre designado por Franco para pilotar el posfranquismo. Lo sorprendente fue que el jefe del Estado hubiera designado sucesor al entonces ministro de la Gobernación, responsable de la seguridad del Estado y, por tanto, de no haber impedido la muerte del presidente. Sorprendente, si atendemos a que la lógica castrense del general Franco dictaba que el sucesor fuera el vicepresidente, Torcuato Fernández-Miranda, más aún cuando los días posteriores al magnicidio habían sido gestionados por él con notable éxito, si bien fue un obstáculo para los deseos más viscerales de los sectores más duros del Gobierno y del régimen.

La razón por la que Franco apostó por Arias Navarro es doble. La primera se la espetó a Fernández-Miranda cuando este le preguntó directamente por qué no le había nombrado a él: «¿Quiere usted que le haga presidente con la oposición de toda la clase política?». La segunda, que el sector más duro del franquismo, conocido como el búnker, presionó todo lo que pudo. A la cabeza, la esposa de Franco, Carmen Polo, que iba ganando influencia a medida que su marido iba perdiendo facultades[1]. En la época circuló el rumor de que ella misma se lo dijo a Arias unos días después: «Menos mal, Carlos, que te ha nombrado a ti. Ahora ya puedo dormir tranquila». Y el propio Franco, en el discurso televisado para todos los españoles del 30 de diciembre, lo dijo a su manera y dejó estupefactos a los telespectadores al referirse al asesinato de su hombre fuerte: «No hay mal que por bien no venga». O dicho de otra manera: desaparecido Carrero y expulsado Fernández-Miranda, Arias toma el mando.

La pregunta es si Arias es la persona adecuada para la España de 1974, y todo parece indicar que no: pero no por su mayor o menor lealtad a Franco, o por su forma de interpretar cómo debe ser el final del franquismo y, sobre todo, el futuro sin él. Sino porque es un político sin proyecto propio y sin liderazgo político, lo que en los veintidós meses

[1] Paul Preston, *Juan Carlos, el rey de un pueblo,* Plaza & Janés, Barcelona, 2003, pág. 320.

como presidente con Franco vivo se resumen en un vaivén político carente de sentido. Eso sí, sirve para extraer conclusiones importantes sobre la España oficial: hay dos sectores, aperturistas e inmovilistas. Franco está en el segundo, no quiere cambios, pero admite que se juegue al aperturismo; y Arias carece de liderazgo y de talento para seguir el juego de las apariencias. Pero sí tiene las agallas, y lo va a intentar. Esa supuesta operación política modernizadora se denomina «el espíritu del 12 de febrero», por la fecha en que Arias la presenta en sociedad.

Aquella mañana de 1974, un año y diez meses antes de la muerte de Franco, Arias supo atraer la atención mediática en las Cortes como pocas veces antes en las tres largas décadas de franquismo. Se trata de un tímido intento de aperturismo apoyado en una parte del Gobierno y en los sectores menos intransigentes de la Administración. Tan tímido, que en su discurso no pronuncia las palabras prohibidas del franquismo: democracia y partidos políticos. El eufemismo utilizado es «participación», como unos años antes se habló de «asociacionismo». Pero ahora, como entonces, Franco no estaba por la labor, de manera que lo único que en la práctica consiguió Arias con su espíritu fue dividir a su Gobierno, poner en alerta al búnker —incluido el Ejército— y perder la autoridad, si es que alguna vez y en alguna medida la tuvo.

Lo que a largo plazo fue más relevante es que consolidó la idea de que el sucesor de Franco sería, por si alguien tenía alguna duda, el príncipe Juan Carlos. No era cosa menor, dado que la nieta de Franco se había casado con un Borbón, y las veleidades de emparentar con la realeza no eran nada desdeñables.

El 20 de noviembre de 1975, Arias se dispone a leer las cuartillas que recogen el testamento político de Franco. La alocución previa del presidente dura tres minutos y medio, algo más de lo que ha tardado en leer el mensaje del jefe del Estado, de dos minutos y medio. Son ciento cincuenta segundos que comienzan con la religiosidad de quien se sabe que va a fallecer: «En el nombre de Cristo me honro y ha sido mi voluntad constante ser hijo fiel de la Iglesia en cuyo seno voy a morir». Tras pedir perdón y perdonar «a cuantos se declararon mis enemigos sin que yo los tuviera como tales» y destacar que entre ellos sólo se encontraban «aquellos que lo fueron de España», Franco se identifica con España y agradece la «abnegación» de quienes lucharon por «hacer una España unida, grande y libre». Pero a pesar de esa «unidad», inmediatamente Arias lee la frase con mayor significado político:

—No olvidéis que los enemigos de España y de la civilización cristiana están alerta.

En su último mensaje al pueblo que ha dirigido durante treinta y seis años, Franco le pide que anteponga la patria a los intereses personales, que no deje de buscar la justicia social y la cultura, y que mantenga «la unidad de las tierras de España exaltando la rica multiplicidad de sus regiones como fuente de la fortaleza de la unidad de la patria».

En la última frase, Arias lee una nueva vinculación entre Dios y España y finaliza sollozando: «Quisiera en mi último momento unir los nombres de Dios y de España y abrazaros a todos por última vez en los umbrales de mi muerte: arriba España, viva España».

De modo que Franco se despide de este mundo vinculando su nombre al de España y el de España a Dios. Indirectamente, está pidiendo continuidad y alerta de que hay otra España, la de los enemigos. En 1975, como en 1939, sigue habiendo dos Españas. Y Carlos Arias Navarro no sólo se emociona al despedirse de su jefe, sino que se identifica con su legado. Por eso, en ese momento, en ese preciso instante, Carlos Arias Navarro está dispuesto a cumplir los deseos del dictador y completar el mandato de cinco años para los que lo designó como presidente del Gobierno: hasta enero de 1979.

Lo que no tiene en cuenta son los planes de la persona llamada a suceder a Franco en la Jefatura del Estado: quien el 20 de noviembre de 1975 es todavía príncipe de España, un título inexistente en la monarquía española, que Franco se inventó seis años antes, en 1969, para nombrarle sucesor a título de rey, y ya de paso jugar a enfrentar al padre con el hijo. A don Juan con don Juanito, que ya no es un niño. Pero ¿cuáles son los planes de ese joven príncipe? ¿Tiene él, a diferencia de Arias, un proyecto propio?

4
Don Juan Carlos, el príncipe

Juan Carlos nació un 5 de enero de 1938. Por tanto, en la víspera del día de los Reyes Magos de 1968, cumplió treinta años y, por vez primera, reunió todos los requisitos establecidos por Franco para designar sucesor. Explícita o implícitamente esta situación generaba una lacerante tensión entre padre e hijo, entre el jefe de la Casa Real en el exilio, y legítimo aspirante a rey, y su heredero, al que había enviado a España veinte años antes, cuando sólo era un niño. Franco lo sabía muy bien, porque siempre cultivó el enfrentamiento entre ellos. La prueba de que se trataba de un asunto relevante es que al día siguiente de su cumpleaños, el diario *Pueblo* publicó una entrevista en la que le preguntaba directamente a Juan Carlos[1] qué haría si el jefe del Estado le propusiera ser su sucesor:

—Mi reacción sería la que mejor conviniera en ese momento al país.

—¿Aceptaría el nombramiento teniendo en cuenta que don Juan representa la legitimidad dinástica?

—Creo que todo depende de cómo se desarrolle el momento político de España en ese tiempo.

---

[1] *Pueblo,* 6 de enero de 1968. Emilio Romero, *Tragicomedia de España. Unas memorias sin contemplaciones,* Planeta, Barcelona, 1985, pág. 186.

—¿Su padre puede abdicar o no?

—Por poder, puede, ¿no?

Con habilidad, Juan Carlos elude la respuesta buscada, pero sus palabras son toda una declaración de intenciones. Tres semanas después, Juan Carlos y Sofía fueron padres por tercera vez, el primer varón. La madrina de Felipe fue su bisabuela, la última reina de España, la esposa de Alfonso XIII, Victoria Eugenia, que para el bautizo de su bisnieto volvió a pisar el suelo sobre el que reinó cuarenta años antes.

—General —le dijo a Franco—, esta es la última vez que nos vemos en vida. Quiero pedirle una cosa. Usted, que tanto ha hecho por España, termine la obra. Designe rey de España. Ya son tres. Hágalo en vida: si no, no habrá rey. Que no quede para cuando estemos muertos. Esta es la última y la única petición que le hace su reina.

—Serán cumplidos los deseos de Vuestra Majestad —respondió Franco[2].

A principios de mayo, don Juan propuso a su hijo que pasara unos meses en Estoril, hasta el otoño. Juan Carlos se negó por correspondencia:

---

[2] Paul Preston, *Juan Carlos, el rey de un pueblo,* Plaza & Janés, Barcelona, 2003: Willams a Beith, 14 de febrero de 1968, FCO 9/406, CS 1/6; Jesús Pabón, «Páginas de unas memorias perdidas», *Boletín de la Real Academia de la Historia,* t. CXCII, enero-abril de 1995, cuaderno 1, págs. 17-18; Jesús Palacios, *Los papeles secretos de Franco. De las relaciones con Juan Carlos y don Juan al protagonismo del Opus,* Temas de Hoy, Madrid, 1996, págs. 436-439; Laureano López Rodó, *La larga marcha hacia la monarquía,* Plaza & Janés, Barcelona, 1979, págs. 269-270; Franco Salgado-Araujo, anotación en su diario del 3 de mayo de 1969, *Mis conversaciones,* Planeta, Barcelona, 1976, págs. 548-549; Luis María Anson, *Don Juan,* Plaza & Janés, Barcelona, 1994, págs. 20-22; el autor discute que la reina hablara en este tono a Franco.

Yo he seguido una línea que tú me trazaste. El general Martínez Campos, duque de la Torre, se oponía a que yo me instalara en La Zarzuela. Él quería que yo fuera a Salamanca y fuiste tú quien me puso allí. Con ello tomaste una opción. Estar en La Zarzuela era estar cerca de Franco. En estos años nada hice que te perjudique a ti o a la Institución. Ahora no puedo hacer el feo de ausentarme cinco meses de España. Tú has jugado una carta; yo otra, por tu mandato. Sigue tú con la tuya y yo con la mía. Si gana tu carta, me descubro, *chapeau*, pero no lo veo probable. Hemos de pensar en España y en la Institución[3].

Y Juan Carlos obvió la petición de su padre. El año 1968 transcurría sin más, hasta que el 12 de octubre don Juan perdió los nervios y protagonizó un gesto de debilidad ante su hijo. En una carta firmada no como padre, sino como jefe de la dinastía española, le pidió que no formara parte de lo que denominó «la perturbación dinástica» y que se pronunciara públicamente en favor de su padre como único representante de un futuro monárquico legal y legítimo. La carta fue un fracaso y la respuesta llegó meses después en forma de una simple y privada carta de afecto y lealtad[4].

Franco seguía sin mover ficha. El príncipe concedió una serie de entrevistas que incrementaron la confusión, y dio la última a la Agencia Efe. A la pregunta directa de si acataría la aplicación de las Leyes Fundamentales del régimen, esa

---

[3] Luis Suárez Fernández, *Francisco Franco y su tiempo,* Fundación Nacional Francisco Franco, Madrid, 1984, t. VIII, pág. 59. Laureano López Rodó, *Memorias: años decisivos,* Plaza & Janés, Barcelona, 1990, pág. 314.

[4] Paul Preston, *Juan Carlos, el rey de un pueblo,* ob. cit., págs. 250-253.

suerte de Constitución franquista un tanto *sui generis,* el hijo de don Juan respondió con vehemencia:

—He dicho varias veces que el día que juré bandera prometí entregarme al servicio de España con todas mis fuerzas. Cumpliré la promesa de servirla en el puesto en que pueda ser más útil al país, aunque esto conlleve sacrificios. Puede usted entender que de lo contrario no estaría donde estoy.

La pregunta no era baladí y la respuesta volvía a incidir en la idea de que todo era posible. Ya en 1969, el 15 de abril falleció en Lausana la reina Victoria Eugenia y la familia real volvió a reunirse. Don Juan no desaprovechó la oportunidad de afear la ambigüedad de su hijo, a lo que Juan Carlos le respondió que estaba en España «para aceptar lo que le ofreciesen».

—Sí, pero no para suplantarme a mí[5].

Enfrentamientos entre el padre y el hijo, camarillas en El Pardo, camarillas en la Zarzuela, partidarios de uno y del otro, la clase política participando activamente de la incertidumbre… Todo el mundo bailaba en torno a una decisión que no acababa de llegar. Todo el mundo excepto Francisco Franco, perfectamente consciente de su poder, que nadie osaba poner en duda.

Ese verano, un angustiado Juan Carlos acudió al Pardo a despedirse de Franco antes de ir a pasar unos días a Estoril con sus padres. El general le dijo: «Venid a verme cuando regreséis, porque tengo algo importante que deciros».

Ya en Estoril, su padre fue claro[6]:

---

[5] Luis María Anson, *Don Juan,* ob. cit, pág. 18.

[6] Ibíd., pág. 203.

—Entonces, ¿no sabes nada preciso?

—No, absolutamente nada.

—Tú sabes algo y me lo ocultas. ¿No me lo quieres decir?

La jugada de don Juan pasaba porque Franco muriera sin designar sucesor y el Ejército le aupara al trono. Cuando Juan Carlos le insistió en que la intención de Franco era nombrarle a él, don Juan no pudo más que recordarle quién era el heredero de Alfonso XIII y advertirle de que revocaría cualquier decisión de Franco.

—Tienes toda la razón —respondió Juan Carlos—. Fui y estoy en España por decisión tuya. Y si tú me dices que me marche o si me prohíbes que acepte, hago las maletas, tomo a Sofi y a los niños y nos venimos a Portugal, o me quedo en el Ejército y desarrollo mi carrera militar, pero fuera del engranaje del Estado. No puedo seguir en la Zarzuela si en el momento decisivo se me llama y no acepto. Y que te conste que eso significa la imposibilidad de recuperar el trono para nuestra familia. Yo no sería el rey, pero tú tampoco. Si le digo que no, Franco echará mano de Alfonso. Y entonces sí que podemos despedirnos, porque ese lo aguanta todo y traga cuanto le echen.

—Desde que tu abuelo depositó en mí los derechos de la dinastía no he hecho otra cosa que sacrificarme y luchar para que la monarquía sea restaurada de nuevo en España. Hace años que lo vengo soportando todo, un muro de incomprensión y de insidias contra mi persona, y ahora resulta que el problema surge con mi propio hijo.

—Yo no he intrigado para que la designación recaiga en mí. Estoy de acuerdo en que sería mejor que el rey fueras tú, pero si la decisión está tomada, ¡qué le vamos a hacer!

Para ti no hay posibilidad alguna o la que hay es de dudoso éxito.

—En ese caso puedes hacer mucho: lograr que ahora no se haga nada, que todo se aplace.

—Esto no está en mi mano. Y si, como yo creo, se me invita a aceptar, ¿que harás tú? ¿Es que hay otra solución posible distinta de la que Franco decida? ¿Eres tú capaz de traer la monarquía?

—Bueno, dejémoslo. Esto es hablar por hablar. Ya te convencerás de que te están entreteniendo y jugando contigo. El general no piensa en modo alguno designar sucesor en vida. Es un tema que a su muerte tendrán que resolver los generales[7].

Nada más lejos de la realidad. Cuando Juan Carlos volvió a Madrid fue a ver a Franco:

—¿Cómo está vuestra familia, Alteza?

—Muy bien, mi general, gracias.

—Bien. Tengo que anunciaros algo. El próximo día 22 de julio voy a nombraros mi sucesor a título de rey.

Juan Carlos se quedó estupefacto:

—Pero, mi general. ¿Por qué no me dijo nada cuando le vine a ver antes de ir a Estoril?

—No quería que lo supierais antes de ver a vuestra familia.

---

[7] Paul Preston, *Juan Carlos, el rey de un pueblo,* ob. cit., págs. 262-263. En su libro cita, además: Víctor Salmador, *Don Juan. Los secretos de un rey sin trono,* Ediciones Tiempo, Madrid, 1993, págs. 89-90; Pilar Urbano, *La Reina,* Plaza & Janés, Barcelona, 1996, págs. 204-205 y 339; Laureano López Rodó, *Memorias: años decisivos,* ob. cit., págs. 449-450; Laureano López Rodó, *La larga marcha hacia la monarquía,* ob. cit., págs. 331-333; José Luis de Vilallonga, *El Rey. Conversaciones con Don Juan Carlos I de España,* Plaza & Janés, Barcelona, 1993, pág. 79; Luis María Anson, *Don Juan,* ob. cit., pág. 24.

—Mi general, ahora debo poner a mi padre al corriente de sus intenciones.

—Preferiría que no lo hicierais.

—Mi general, yo no puedo mentir a mi padre y menos ocultarle una noticia tan importante.

Se hizo el silencio y Franco se dirigió a él con mirada impenetrable:

—Entonces... ¿qué decidís, Alteza?

—De acuerdo, mi general, acepto[8].

Franco manejó los tiempos para humillar a don Juan. Lo hizo a fuego lento, lentísimo. Lo hizo desde un lejano 1947 cuando aprobó la llamada Ley de Sucesión, en la que se proclamaba que España era un reino sin rey y se reservaba el derecho de designar a su sucesor. Lo hizo aceptando que Juanito viviera en España. Lo hizo permitiendo, cuando no propiciando, el enfrentamiento entre padre e hijo. Una respuesta en diferido a los manifiestos de los años cuarenta en los que don Juan se alineaba con las democracias vencedoras de la Segunda Guerra Mundial y situaba a Franco en la dictadura de los vencedores de la Guerra Civil. Una venganza en plato frío cocinada durante más de veinte años.

El problema estaba ahora en la mesa de don Juan Carlos de Borbón, treinta y un años, casado y con tres hijos. ¿Cómo comunicárselo a su padre, cuando, además, la noticia ya viajaba hacia Estoril en una carta remitida por el propio Franco? Juan Carlos decidió recurrir también a la correspondencia:

---

[8] José Luis de Vilallonga, *El Rey. Conversaciones con Don Juan Carlos I de España,* ob. cit., págs. 79-80.

Queridísimo papá:

Madrid, 15 de julio de 1969

Acabo de volver de El Pardo a donde he sido llamado por el Generalísimo; y como por teléfono no se puede hablar, me apresuro a escribirte estas líneas para que te las pueda llevar Nicolás, que sale dentro de un rato en el Lusitania. El momento que tantas veces te había repetido que podía llegar, ha llegado y comprenderás mi enorme impresión al comunicarme su decisión de proponerme a las Cortes como sucesor a título de rey. Me resulta dificilísimo expresarte la preocupación que tengo en estos momentos. Te quiero muchísimo y he recibido de ti las mejores lecciones de servicio y de amor a España. Estas lecciones son las que me obligan como español y como miembro de la dinastía a hacer el mayor sacrificio de mi vida y, cumpliendo un deber de conciencia y realizando con ello lo que creo es un servicio a la patria, aceptar el nombramiento para que vuelva a España la monarquía y pueda garantizar para el futuro, a nuestro pueblo, con la ayuda de Dios, muchos años de paz y prosperidad. En esta hora, para mí tan emotiva y trascendental, quiero reiterarte mi filial devoción e inmenso cariño, rogando a Dios que mantenga por encima de todo la unidad de la familia y quiero pedirte tu bendición para que ella me ayude siempre a cumplir, en bien de España, los deberes que me impone la misión para la que he sido llamado.

Termino estas líneas con un abrazo muy fuerte y, queriéndote más que nunca, te pido nuevamente, con toda mi alma, tu bendición y tu cariño.

El impacto en Estoril fue demoledor. Don Juan barajó seriamente la opción de que su hijo le había traicionado y se planteó abandonar Portugal y trasladarse a Canadá. Le disuadió Sainz Rodríguez, el consejero que dos décadas antes le persuadió para que enviara a Juanito a España porque «si Franquito no coge la tisis o alguien le pega un tiro, este caproncete nos entierra a todos».

—La monarquía de don Juanito vendrá, efectivamente, cuando Franco estire la bota, y durará, si no lo remediamos, lo que un pastel en la puerta de un colegio.

Fue Sainz Rodríguez quien indicó a don Juan que su papel era persuadir a la izquierda democrática de que tuviera paciencia y concediera a don Juan Carlos tiempo para preparar la transición[9]. Don Juan asumió su derrota con dolor y caballerosidad. Disolver su Consejo Privado fue la muestra de que no buscaría el enfrentamiento con su hijo, aunque, cuando seis días después ambos hablaron al fin por teléfono —un primer gesto de acercamiento—, le obligó a devolverle la placa de Príncipe de Asturias. Ese día empezó a coger forma una frase que haría fortuna: «Don Juan de Borbón, hijo de rey, padre de rey, nunca rey».

Aunque para eso aún tenían que pasar algunas cosas. La última, la muerte de Franco; la primera, que don Juan Carlos jurara ante las Cortes los Principios del Movimiento, un asunto que le quitaba el sueño porque, si bien ese era el camino para ser el sucesor, él tenía un plan para la España del futuro en el que la monarquía se fundía con la democracia. Tampoco quería ser un perjuro. Una vez más, Franco era quien manejaba la partida y la angustia ya no anidaba en Es-

---

[9] Paul Preston, *Juan Carlos, el rey de un pueblo,* ob. cit.; Luis Suárez Fernández, *Francisco Franco y su tiempo,* ob. cit., págs. 97-99; Luis María Anson, *Don Juan,* ob. cit., págs. 65-77.

toril, sino en el Palacio de la Zarzuela. ¿Debía o no debía don Juan Carlos jurar lealtad al franquismo? Y en caso afirmativo, ¿qué repercusión tendría en el futuro? La respuesta se la dio, en 1969, uno de sus más leales consejeros y su profesor de Derecho Político, Torcuato Fernández-Miranda:

—Vuestra Alteza no debe preocuparse. Jurad los Principios del Movimiento, que más tarde los iremos cambiando legalmente uno tras otro[10].

Y añadió: «Las leyes le obligan, pero no le encadenan». Y así lo hizo don Juan Carlos, en la seguridad de que su profesor y la ciencia jurídica le protegerían de ser un perjuro. En julio de 1969 se convirtió en príncipe de España, una figura inexistente en nuestra historia pero que le habilitaba para ser el sucesor a título de rey.

Volvamos a noviembre de 1975. Franco acaba de fallecer.

---

[10] José Luis de Vilallonga, *El Rey. Conversaciones con Don Juan Carlos I de España,* ob. cit., pág. 98.

5
Franco, el entierro

Franco ha muerto, ¿quién informa al príncipe? ¿El presidente del Gobierno? No, Carlos Arias no está por la labor. ¿El presidente del Consejo de la Regencia, que también lo es de las Cortes y del Consejo del Reino? No, Alejandro Rodríguez de Valcárcel no está por la labor. ¿La familia Franco? Tampoco, Carmen Polo no está por la labor. Nadie en las altas esferas de poder tiene interés por informar al príncipe de España y sucesor designado a título de rey. ¿No será que para el núcleo duro del franquismo sin Franco don Juan Carlos de Borbón no es sólo una incógnita, sino que es más bien un estorbo? Él se lo imaginaba, de modo que le pidió al médico personal de Franco que le llamara llegado el momento. Y así fue. Es el doctor Pozuelo, médico personal del jefe del Estado, quien le da la noticia.

En la España oficial de los años setenta existe un gran eufemismo. No se puede hablar de la muerte de Franco. Como mucho, del «hecho biológico»; o algo aún más rebuscado: «las previsiones sucesorias». Pero la realidad es otra porque la degradación física del dictador era cada vez más evidente. No en vano, el príncipe había asumido por dos veces interinamente la Jefatura del Estado.

En noviembre de 1975 nadie habla de ello, pero todo está preparado. Es la «Operación Lucero»[1]: todos los gobernadores civiles, los capitanes generales y los jefes de zonas marítimas y aéreas deben permanecer alerta, así como asumir la vigilancia en las estaciones de tren, aeropuertos y transporte público. Se trata de evitar cualquier posibilidad de desórdenes públicos. Pero la realidad es otra. La palabra que define lo que sucede en España al expirar el jefe del Estado es el silencio. Lo que pasa es que no pasa nada.

El Gobierno decreta un mes de luto oficial y toma dos decisiones: establecer la capilla ardiente con los restos de Franco en el salón de columnas del Palacio Real, todavía llamado palacio de Oriente, y preparar el Palacio de las Cortes para la proclamación como rey de don Juan Carlos de Borbón. El kilómetro y medio que separa ambos palacios es, el 20 de noviembre de 1975, la distancia existente entre la dictadura y la democracia, es la dimensión de la libertad.

Sin embargo, antes de empezar a escribir las primeras frases del futuro, conviene poner el punto y final al pasado, y eso no va a ser fácil. Lo que realmente simboliza el Palacio Real es el poder de la monarquía, pero el franquismo no ha sido sino una usurpación de la misma, la conversión de España en un reino sin rey y darle un nuevo significado es tarea de don Juan Carlos de Borbón, de modo que los mil quinientos metros que separan ambos palacios serán los que unan, indefectiblemente, a la Corona con la democracia: la monarquía parlamentaria.

---

[1] Victoria Prego, *Así se hizo la Transición,* Plaza & Janés, Barcelona, 1995, pág. 323.

La arrogancia que muestra Franco al designar a su propio sucesor pone en riesgo la imagen de neutralidad de don Juan Carlos, y amenaza dos de los principales atributos que deben acompañar a la institución monárquica: la continuidad histórica y la legitimidad. Esa es la dimensión del reto de don Juan Carlos, y ahí tendrá algo que decir su padre, legítimo heredero de la Corona.

Desde primera hora de ese 20 de noviembre, el presidente del Gobierno está más pendiente del pasado que del futuro y se vuelca en dar la máxima relevancia al entierro y al funeral. Él mismo se ha ocupado de leer a los españoles, entre sollozos, el testamento político de Franco. Además, toma dos decisiones: el cadáver de Francisco Franco Bahamonde será enterrado en el Valle de los Caídos y el funeral será oficiado por los ochenta y cuatro obispos españoles y presidido por el arzobispo de Madrid.

La primera decisión la toma sin el conocimiento de la viuda y la hija del dictador, y sin que este haya dejado dicho nada al respecto. La segunda se topa con la Iglesia, en concreto con la Conferencia Episcopal Española y con su presidente. El cardenal Tarancón no gusta al búnker por su carácter aperturista, y no está dispuesto a elogiar al dictador. Por eso, redimensiona a la baja el funeral en la plaza de Oriente y renuncia a oficiarlo personalmente, con el consiguiente enfado del presidente del Gobierno, incapaz de imponer una autoridad que no tiene sobre la Iglesia. La que sí ofició Tarancón fue la misa celebrada en el Palacio de El Pardo a las pocas horas del fallecimiento, en presencia de la familia y del Gobierno en pleno, y a pesar de que Arias intentó boicotearlo hasta el último minuto.

—Yo estoy seguro —dice Tarancón en la homilía— de que Dios perdonará sus fallos, premiará sus aciertos y reconocerá su esfuerzo. Nosotros, con nuestra oración de hoy, le acompañaremos para que ese perdón y ese reconocimiento sean completos.

La tensión está en el ambiente. En el momento de la paz no hay apretón de manos con el Gobierno, aunque sí con la familia. Fuera de la capilla, los alborotadores muestran la inmensa distancia ente el búnker y la cúpula de la Iglesia española: «¡Intrusos, qué hacéis aquí, fuera!»[2].

Mientras, en el palacio de Oriente, a lo largo de dos días, cientos de miles de españoles desfilan ante el cadáver de la persona que ha gobernado España con mano de hierro durante casi cuatro décadas. La televisión retransmite en directo una cola de personas que persiste también de madrugada. Hay escenas de todo tipo, desde la emoción y el reconocimiento hasta el ánimo de comprobación del hecho biológico. Los últimos ciudadanos acceden al salón de columnas a las siete de la mañana del 23 de noviembre, momento en el que el cadáver es trasladado al Valle de los Caídos, donde a las 14:11 horas una lápida de mil doscientos kilos con la inscripción «Francisco Franco» sepulta ya para siempre los restos del dictador. ¿Para siempre? Entonces, nadie imagina que cuatro décadas más tarde el féretro será exhumado por un Gobierno socialista para revocar el carácter de mausoleo del general vencedor de la Guerra Civil al Valle de los Caídos. Un Gobierno socialista y democrático que deshará, así, una decisión personalísima del último presidente del Gobierno de Franco, de Carlos Arias Navarro.

---

2 Ibíd., págs. 327-330.

Enterrado Franco, ¿a qué se refirió cuando dijo que todo estaba «atado y bien atado»? Nadie lo sabe, pero no hay duda de que el nudo son las instituciones. El régimen de Franco tiene formas de democracia orgánica. Obviamente no es democrático, pero sí juega a serlo. Por ejemplo, cuando hay que nombrar algún cargo importante, el Consejo del Reino tiene la función de proponer a Franco una terna de candidatos, entre los que el jefe del Estado selecciona al elegido. Casualmente, entre los tres siempre está el nombre que quiere Franco. Todo es un trampantojo. La cuestión es que Franco ya no está, pero las instituciones permanecen, y en ellas hay personas nombradas directamente por él a las que se les presupone lealtad. Ese es el nudo, ese es el atado y bien atado. Y ese es el reto de don Juan Carlos de Borbón, aunque primero debe ser proclamado rey.

6
LA HORA DEL REY (I)

—¿Es consciente Juanito de que su proyecto es prácticamente imposible, de que su reinado puede durar tres o cuatro meses en total?[1].

La pregunta la formula el presidente de la República francesa, Valéry Giscard d'Estaign. Se lo espeta a la cara a la persona que le ha enviado don Juan Carlos para solicitar su presencia en los actos de proclamación. Don Juan Carlos es consciente, siempre lo ha sido, de que su futuro también pasa por el respaldo de Occidente, y lleva muchos años cultivando las relaciones internacionales. El futuro rey quiere estrenarse enviando al mundo un primer mensaje de alineación con las democracias occidentales. Giscard no lo tiene nada claro, pero al menos se lo va a pensar.

Las exequias de Franco han sido la última demostración del aislamiento de España. Las ausencias son sonadas y las presencias relevantes se cuentan con los dedos de una mano: el vicepresidente de Estados Unidos, Nelson Rockefeller; el príncipe Rainiero de Mónaco; el rey Hussein de Jordania; la primera dama filipina, Imelda Marcos, y el dictador chi-

[1] Victoria Prego, *Así se hizo la Transición*, Plaza & Janés, Barcelona, 1995, págs. 343-345.

leno, Augusto Pinochet, que se queda impresionado con el Valle de los Caídos. Para don Juan Carlos cada líder internacional que lo arrope se entenderá como un apoyo a su futuro como rey. Ese ha de ser su primer objetivo, aunque no será fácil. El segundo tiene que ver con su primer discurso y la acogida que este tenga en la opinión pública española.

La Carrera de San Jerónimo es una de las calles más importantes y simbólicas de la capital. Son quinientos metros que unen cinco siglos de la historia de Madrid, desde el poblachón manchego de los Austrias, como acertó a definir Camilo José Cela, hasta el Madrid monumental de los Borbones, que con el transcurrir de las décadas será reconocido por la UNESCO como el Paisaje de la Luz. Caminar desde la Puerta del Sol hasta el Palacio de las Cortes, cuesta abajo, permite descubrir una de las vistas más bellas de la capital: al fondo, abajo, se abre la plaza de Cánovas del Castillo, uno de los nombres principales del parlamentarismo español del siglo XIX. En el centro mismo de la plaza, la escultura de Neptuno muestra sus barbas y eleva su tridente delante del Museo del Prado, símbolo de ese Madrid de la Ilustración que trajo a España Carlos III. Al otro lado del paseo, enfrente, arriba, a la misma altura del Parlamento, la vista permite observar la iglesia de los Jerónimos, fundada en el siglo XV por los Reyes Católicos. El poder político y el poder religioso en diálogo permanente sobre la arboleda del paseo del Prado, ese río seco de Madrid.

Una de las diferencias históricas entre la monarquía británica y la española es que el rey inglés es coronado en la catedral, símbolo del poder divino, mientras que el español es proclamado ante las Cortes, símbolo del poder del pueblo. Es una diferencia importante: el acto que se va a celebrar en Madrid esa mañana del sábado 22 de noviembre de 1975 es un mensaje de don Juan Carlos al mundo, un mensaje que viene de siglos y que refuerza el vínculo entre la monarquía y el pueblo. Aunque esas Cortes no son —aún— democráticas, el plan del futuro rey es delegar el poder absoluto que va a heredar en la institución llamada a recoger la representación de la soberanía nacional. ¿Cuándo? Aún es pronto para saberlo. ¿Cómo? Don Juan Carlos sabe cuál es la estación de destino —la monarquía parlamentaria—, pero para construir las vías que lleven a España del franquismo a la democracia hace falta elaborar un plan e incorporar a muchos actores que asuman esa estrategia como propia.

El acto de proclamación en el palacio de la Carrera de San Jerónimo es sólo la primera traviesa, quizá la más importante, porque es la que va a establecer el ancho de vía, pero es sólo la primera. ¿Hasta dónde está dispuesto a llegar ese joven príncipe? ¿Un rey como el británico, sometido al pueblo, o un rey como el marroquí, más cerca del feudalismo que de la democracia? Ese día, esa mañana, a don Juan Carlos de Borbón y Borbón se le presenta la oportunidad de enviar un tercer mensaje sobre lo que está dispuesto a hacer con ese poder. El mundo le observa desde lejos, pero la institucionalidad franquista le vigila en el hemiciclo, incluida la hija del dictador. Don Juan Carlos lo sabe.

De modo que esa mañana de invierno Madrid se levanta fresco, en una típica estampa castellana: cielo azul, frío polar. La multitud se acerca a la Carrera de San Jerónimo. Quieren ver al príncipe. Es un día de emociones, de esperanza, de incertidumbre, de ilusión y también de desorientación ante lo desconocido: para muchos españoles la muerte de Franco supone el cierre de una larga etapa de sus vidas, incluso de la vida completa, y eso genera un extraño sentimiento personal ajeno a toda convicción política. Es un día distinto, además, porque la inmensa mayoría de los españoles no ha conocido hasta ahora la proclamación de un rey. El último fue Alfonso XIII el 17 de mayo de 1902, en ese mismo Palacio de las Cortes que hoy recibe a su nieto. Han pasado setenta y tres años, casi cuatro generaciones unidas por ese hilo invisible que es la historia y por la monarquía, el eje vertebrador de la memoria española: desde la Edad Media hasta el siglo XXI.

La jefatura de Franco ha sido la quinta más duradera de la historia de España[2]. Por eso, la proclamación genera expectación en medio mundo y se retransmite en directo, y en color, a través de televisión en más de treinta países: Europa e Iberoamérica al completo, pero también el norte de África y Oriente Medio están pendientes de Madrid. Más de trescientos millones de espectadores potenciales pueden ver en sus casas lo que muchos españoles van a presenciar en persona. Miles de ciudadanos se echan a la calle para acompañar al futuro rey.

---

[2] Los periodos más largos al frente de la Jefatura del Estado español fueron los protagonizados por Felipe V (cuarenta y seis años), Felipe IV (cuarenta y cuatro), Felipe II (cuarenta y dos años) y Carlos I y Franco (treinta y seis años). Si se suma la Segunda República (1931-1936), el país lleva sin rey cuarenta y cuatro años, siete meses y ocho días.

7
Juan Carlos I, rey de España

En la mañana del 22 de noviembre de 1975, el día que va a ser proclamado rey, don Juan Carlos de Borbón luce unas notables ojeras. Cuando fallece Franco, en el momento en que se produce el «hecho sucesorio», es cuando el príncipe se da cuenta de lo que se le viene encima[1]. En esas horas su gran preocupación es: «Muerto Franco, ¿cómo lo voy a hacer para instaurar la democracia?». Es una angustia que le acompaña desde hace tiempo, pero en ese instante se convierte en miedo real. Es una conversación que en los años precedentes ha mantenido recurrentemente con su profesor de Derecho Político, Torcuato Fernández-Miranda.

—No os angustiéis. Será más fácil de lo que os imagináis. Cuando la gente vea que en lugar de Franco hay un rey, comprenderá, sin que haya necesidad de explicárselo, que las cosas no pueden continuar como antes.

—Sí, pero necesitaré un mínimo de tiempo, un paréntesis, para que entiendan bien lo que tengo la intención de hacer.

[1] José Luis de Vilallonga, *El Rey. Conversaciones con Don Juan Carlos I de España,* Plaza & Janés, Barcelona, 1993, pág. 85.

—Vuestro primer discurso será la clave de todo el cambio. En él habréis de decir a los españoles: esto es lo que tengo la intención de hacer y así es como voy a hacerlo.

Los consejos del profesor son escuchados por el discípulo, que toma la decisión de explicar con claridad, desde el primer discurso, la esencia de su pensamiento político, que es el mismo que el de su padre: ser el rey de todos los españoles. Una idea fuerza que debe revestir con prudencia para no alertar a los de dentro sin expulsar a los de fuera. Ese discurso tiene que ser una fina obra de oratoria política situada en el medio exacto de dos mundos que confrontan: el de los inmovilistas, que no quieren que nada cambie, y el de los rupturistas, que lo quieren cambiar todo. ¿Alguien cree que entre unos y otros hay un punto, aunque sea mínimo, de coincidencia?

Y, entre tanto, la negociación con los presidentes de las Cortes, del Consejo del Reino y del Consejo de la Regencia para pactar la fórmula del juramento, que es anterior al discurso. Don Juan Carlos hubo de convencer a Alejandro Rodríguez de Valcárcel de que el acto no debía convertirse en una exaltación del franquismo, sino limitarse a reproducir de modo escueto las fórmulas establecidas en la Ley de Sucesión, aquella ley que Franco aprobó en 1947 para frenar las ilusiones sucesorias de don Juan de Borbón.

Pero esas ojeras no responden sólo al peso de la historia, o de la responsabilidad: es que, además, ha dormido poco. A las doce de la mañana, don Juan Carlos y doña Sofía salen de la Zarzuela en un Rolls Royce con la matrícula de la Corona Real. El todavía príncipe luce uniforme de capitán general de los Ejércitos, porque lo es desde el día anterior, como ha publicado el *Boletín Oficial del Estado;* la todavía princesa viste un traje largo de color rosa. En la comitiva viajan también sus tres hijos: Elena, once años; Cristina, diez; y Felipe, siete. Unos tres mil hombres con uniformes de gala se distribuyen a través del recorrido por las calles de la ciudad mientras en los alrededores de las Cortes la multitud corea el nombre del futuro rey. «Juan Carlos, Juan Carlos, Juan Carlos».

Cuando llegan a la Carrera de San Jerónimo y se bajan del vehículo, los príncipes saludan a los ciudadanos. Sobre un pequeño podio, don Juan Carlos escucha el himno nacional antes de pasar revista a la compañía de honores del batallón de Infantería del Ministerio del Ejército, mientras la banda de música interpreta el pasodoble *Soldadito español.* En el exterior del palacio, el ambiente es el de las grandes ocasiones: jóvenes subidos a las farolas, a los semáforos, a los bancos, a los alféizares y pancartas de apoyo de todo tipo: «Viva el rey» o «El sindicalismo toledano con Juan Carlos». Todos los caminos son válidos hacia la adhesión monárquica, que hoy más que nunca se presenta como una oportunidad para la concordia y la libertad.

En el interior, el salón de plenos ha sido preparado para la ocasión: la mesa de la presidencia y la tribuna de oradores se han sustituido a toda prisa por un escenario en el que destacan dos sillones tapizados en rojo. A su lado, sobre un pequeño almohadón del mismo color, los símbolos de la máxima representación de la monarquía española: la corona y el cetro, procedentes de los reinados de Carlos II y Carlos III. Y también la Cruz de los Reyes Católicos.

Pasadas las doce y media, las puertas de los Leones de las Cortes, reservadas para jefes de Estado, se abren para los futuros Reyes. En el hemiciclo les esperan 540 procuradores y los representantes de las altas instituciones del Estado, así como los invitados para la ocasión. La inmensa mayoría visten frac con corbata negra, pero también hay quien aprovecha el momento para ponerse la camisa azul falangista[2], en claro gesto de adhesión franquista. Es todo un mensaje, porque en este acto la sombra de Francisco Franco está muy presente. Toma la palabra el secretario de la Cámara.

—Al producirse la vacante en la Jefatura del Estado, el príncipe don Juan Carlos de Borbón y Borbón prestará juramento y será proclamado rey por las Cortes Españolas.

Los príncipes acceden al plenario, seguidos por sus tres hijos. La ovación de los procuradores supera los dos minutos. El fucsia del vestido de la reina contrasta con el negro predominante. Ambos se sitúan ante sus asientos e intercambian unas palabras. Ella sonríe, él permanece muy serio.

—Ruego a sus señorías se pongan en pie —solicita el presidente.

Rodríguez de Valcárcel toma en sus manos el libro de los Evangelios, sobre el que don Juan Carlos, también de pie, sitúa su mano derecha. Lo que le va a pedir al príncipe es un juramento muy similar al que tuvo que hacer en ese mismo hemiciclo seis años atrás, en 1969, cuando Franco lo designó sucesor a título de rey. Un juramento que le quitó el sueño hasta que su profesor le explicó que «las leyes atan, pero no encadenan». Aún así, para don Juan Carlos sigue sin ser un trago fácil.

—Señor, ¿juráis por Dios y sobre los Santos Evangelios cumplir y hacer cumplir las Leyes Fundamentales del Reino y guardar lealtad a los Principios que informan el Movimiento Nacional?

---

[2] *Historia de la Transición. Diez años que cambiaron España, 1973-1983*, primera parte, Diario 16, Madrid, 1985, pág. 194.

—Juro por Dios y sobre los Santos Evangelios cumplir y hacer cumplir las Leyes Fundamentales del Reino y guardar lealtad a los Principios que informan el Movimiento Nacional.

—Si así lo hiciereis, que Dios os lo premie, y si no, que os lo demande. En nombre de las Cortes Españolas y del Consejo del Reino manifestamos a la nación española que queda proclamado rey de España don Juan Carlos de Borbón y Borbón, que reinará con el nombre de Juan Carlos I.

Don Juan Carlos permanece impasible, concentrado. El presidente Rodríguez de Valcárcel se dirige ahora a las Cortes y decide añadir una frase propia, una frase que revela que hay un franquismo sin Franco que no entiende esta sesión como un cambio de etapa, sino como un paso más en el franquismo:

—Señores procuradores, señores consejeros, desde la emoción en el recuerdo a Franco, ¡Viva el rey!

—¡Viva!

—¡Viva España!

—¡Viva!

El himno de España y los aplausos se entremezclan mientras todas las miradas observan a ese joven de treinta y siete años que ha dejado de ser Su Alteza para pasar a ser Su Majestad. Cuarenta y cuatro años, siete meses y ocho días después, España vuelve a ser un reino con rey. Han pasado 16.293 días desde que Alfonso XIII tomó la decisión de salir de España después de unas elecciones municipales. Los vivas al rey y los vivas a España cruzan el hemiciclo, presidido por las estatuas en piedra de Isabel de Castilla y Fernando de Aragón.

Es el momento de escuchar al monarca, que observa al plenario sin regalar un solo gesto de alegría. No sonríe, y su máxima concesión es un leve asentimiento con la cabeza a quienes le aplauden y le observan. Está concentrado porque sabe que el primer discurso de un rey condiciona todo su reinado. Nadie conoce como él los equilibrios que debe concitar para que no se cumpla el vaticinio del presidente de la República francesa: tres o cuatro meses como máximo.

Los inmovilistas, presentes, prestan mucha atención, desconfían de ese joven que no acaba de ser un entusiasta del régimen a pesar de que Franco le ha designado sucesor y que además se ha dedicado a hacer gestos de aperturismo; los rupturistas, ausentes, desprecian el acto, no creen en el príncipe, que no se ha distanciado del dictador y lo único que ha hecho son pequeños gestos. Y en medio, ante trescientos millones de espectadores, don Juan Carlos de Borbón, más solo que la una.

El nuevo rey quiere ser prudente, muy prudente. Comienza haciendo una defensa velada de por qué él está ahí en ese momento. Legalidad y legitimidad.

—Asumo la Corona del Reino con pleno sentido de mi responsabilidad ante el pueblo español y de la honrosa obligación que para mí implica el cumplimiento de las leyes y el respeto de una tradición centenaria que ahora coinciden en el trono.

No tarda el rey en referirse a su antecesor. Sabe que lo que diga será mirado con lupa, en este caso por los jerarcas del régimen.

—Una figura excepcional entra en la historia. El nombre de Francisco Franco será ya un jalón del acontecer español y un hito al que será imposible dejar de referirse para entender la clave de nuestra vida política contemporánea.

Con respeto y gratitud quiero recordar la figura de quien durante tantos años asumió la pesada responsabilidad de conducir la gobernación del Estado. Su recuerdo constituirá para mí una exigencia de comportamiento y de lealtad para con las funciones que asumo al servicio de la patria. Es de pueblos grandes y nobles el saber recordar a quienes dedicaron su vida al servicio de un ideal. España nunca podrá olvidar a quien, como soldado y estadista, ha consagrado toda la existencia a su servicio.

Recordado Franco y tras una breve referencia a don Juan, el rey empieza a hablar de futuro. Se trata de un discurso moderado que requiere de interpretación para entender que don Juan Carlos comienza a enseñar sus cartas:

—Hoy se inicia una nueva etapa de la historia de España. La institución que personifico integra a todos los españoles y [...] nuestro futuro se basará en un efectivo consenso de concordia nacional.

«Futuro», «concordia», «consenso». La siguiente referencia tiene como fin abordar uno de los temas que más preocupó a Franco en su testamento político, ese que leyó entre lágrimas Arias Navarro cuarenta y ocho horas antes: la unidad de España.

—Un orden justo, igual para todos, permite reconocer dentro de la unidad del reino y del Estado las peculiaridades regionales como expresión de la diversidad de pueblos que constituyen la sagrada realidad de España. El rey quiere serlo de todos a un tiempo y de cada uno en su cultura, en su historia y en su tradición.

Y el rey concluye con leves pinceladas a la ciencia y la cultura, la Iglesia y la familia, los derechos sociales y la iniciativa empresarial, y a una muy relevante: el Ejército.

—Como primer soldado de la nación, me dedicaré con ahínco a que las Fuerzas Armadas de España, ejemplo de patriotismo y disciplina, tengan la eficacia y la potencia que requiere nuestro pueblo.

Hay dos claves muy relevantes en este último mensaje. El rey es plenamente consciente de la trascendencia del apoyo militar en torno a su figura. Y no es cosa menor que antes de ser proclamado, el 21 de noviembre, el BOE le nombrara capitán general de los tres Ejércitos, lo que zanja de un plumazo las aspiraciones que algún día pudo tener su padre.

Y finaliza el rey con una frase llena de contenido y de intención que destacará en las crónicas de los periódicos del día siguiente:

—Si todos permanecemos unidos, habremos ganado el futuro. ¡Viva España!

Ha sido un discurso prudente. Resulta evidente que don Juan Carlos no quiere romper la vajilla: ha hablado de concordia, pero no de democracia. Ha hablado de justicia, pero no de amnistías. Ha mostrado gratitud a Franco, pero no ha hablado de la guerra, ni de la victoria. En definitiva, ha hablado de consenso.

Los procuradores se ponen en pie y aplauden entre vivas al rey durante varios minutos. No obstante, cuando la familia real abandona el hemiciclo, muchos procuradores se giran hacia la tribuna de invitados para aplaudir a Carmen Franco Polo, hija del dictador, entre vivas a Franco. No ha hecho más que volverse el nuevo rey y buena parte de los procuradores le han dado la espalda. La pregunta aquí es cuántos son: ¿todos?, ¿una mayoría?, ¿una minoría?

Tras el acto, los reyes almuerzan en un ambiente familiar en el Palacio de la Zarzuela. Los acompañan las hermanas del rey, doña Pilar y doña Margarita, con sus esposos, Luis Gómez-Acebo y Carlos Zurita. Ellas estaban sentadas alrededor de Carmen Franco cuando los gritos de «Franco, Franco» sucedieron a los vivas al rey.

Después, a las 17:30 horas, don Juan Carlos recibe en audiencia al líder internacional más importante que se ha desplazado a España, el vicepresidente de Estados Unidos, Nelson Rockefeller, y a su esposa. A pesar de que representa a la primera potencia del mundo, es obvio que el día de su proclamación como rey don Juan Carlos no consigue explicitar el apoyo internacional, y eso es un problema.

8
Apoyo internacional, nudo nacional

El emisario de don Juan Carlos es su amigo Manuel Prado y Colón de Carvajal. Viajó a Estados Unidos el 31 de octubre, casi tres semanas antes de la muerte de Franco. En Washington se reunió con el todopoderoso secretario de Estado, Henry Kissinger, que entendió a la primera la importancia de respaldar al joven príncipe cuando fuera rey.

—Creo que a la proclamación del príncipe como rey deberá asistir el presidente Gerald Ford. Hay que apoyar a don Juan Carlos. Ahora bien, si la muerte de Franco y la consiguiente proclamación coinciden con la visita del presidente a Francia o a China, deberá ir el vicepresidente, Rockefeller.

Fue ese mismo emisario el que después se desplazó a París, donde las cosas fueron distintas. Y fue a esa misma persona a la que el presidente francés le mostró serios recelos y le advirtió de las escasas expectativas que para él generaba el tal Juan Carlos:

—Entiéndame, le agradezco el detalle —le dijo ante la petición de que apadrinara los planes del príncipe—. Yo soy Francia. No puedo permitirme el lujo de arriesgar a Francia en algo cargado de juventud y de sueño, pero también de irrealidad. Eso es pedirme mucho. Yo podría ayudar, elaborar unas notas, sugerir los caminos, hablar con otros jefes de Estado... De todos modos, ya le volveré a llamar.

La respuesta fue un no rotundo en el caso de que la inhumación y la proclamación coincidieran en el tiempo, pero Giscard no cerró del todo la puerta si las circunstancias fueran distintas. Por eso, el emisario se comprometió a que entre ambos hechos históricos hubiese un lapso temporal, de manera que el «no rotundo» pasara a ser un «puede que sí». Había que pensar un plan B.

Lo cierto es que la proclamación está prevista para el día 22 y la inhumación para el 23, así que, si el rey quiere apoyo internacional, debe pensar en otro momento. Por eso, da orden de que cinco días después de su proclamación se celebre un gran acto de exaltación al trono con misa en los Jerónimos y un gran desfile militar, una especie de coronación oficiosa. Así, el día 27, con Franco ya enterrado en el Valle de los Caídos, el rey reúne a las altas instituciones del Estado y vuelve a concitar el entusiasmo social en las calles de Madrid. Aunque ambos actos están bien para apuntalar la imagen del nuevo rey, el objetivo es otro: atraer a los líderes internacionales.

Así las cosas, el presidente francés acepta la invitación, aunque pone una nueva condición: recibir algún tipo de gesto distintivo que le sitúe durante su visita a España como el líder internacional más destacado. Cuando Prado llegó a la Zarzuela, se lo contó al rey:

—Primero me pidió el Toisón —explicó Prado.

—Ni hablar —respondió don Juan Carlos.

—Después me dijo que aceptaría un desayuno a solas el mismo día de la coronación.

—¿Un desayuno? ¿Qué quiere desayunar? ¡Ven y dame un abrazo, porque la presencia de Giscard bien vale un desayuno con bollos, con beicon, con huevos fritos, con migas o con lo que el quiera![1].

Deseo concedido: a primera hora de la mañana del día 27 el rey de España y el presidente de Francia desayunan juntos ante fotógrafos y cámaras. Han tenido que transcurrir seis décadas para que un jefe de Estado francés visite España. ¿Qué mejor prueba del aval internacional al nuevo monarca?

Unas horas después, en la iglesia de San Jerónimo el Real, Occidente bendice la apuesta que representa el hijo de don Juan: el vicepresidente Rockefeller; el presidente de la República Federal de Alemania, Walter Scheel; el príncipe Felipe de Edimburgo, marido de Isabel II de Inglaterra, y los herederos de Bélgica y Luxemburgo. También asisten el jovencísimo heredero marroquí y el príncipe saudí, entre otras representaciones de familias reales y delegaciones de numerosos países del mundo. Don Juan Carlos ha conseguido un apoyo internacional reseñable, y lanza un mensaje hacia el exterior que adquiere importancia especialmente de puertas para adentro.

Pero eso no es todo. La misa es oficiada por el cardenal Tarancón, que de nuevo tiene la oportunidad de hablar de futuro y de concordia para disgusto de los sectores más inmovilistas. Su homilía es clara y contundente, y su mensaje es perfectamente complementario al discurso de proclamación de don Juan Carlos:

—Pido que seáis el rey de todos los españoles, de todos cuantos se sienten hijos de la madre patria, de todos cuantos

[1] Victoria Prego, *Así se hizo la Transición,* Plaza & Janés, Barcelona, 1995, págs. 343-346.

desean convivir sin privilegios ni distinciones en el mutuo respeto y amor. Amor que, como nos enseñó el concilio, debe extenderse a quienes piensan de manera distinta a la nuestra.

En los días posteriores, el cardenal Tarancón recibe el aplauso de todas las publicaciones con talante democrático y la irritación de los sectores más ortodoxos del régimen. Su principal asistente fue advertido por un ministro en la misma iglesia: «Ten mucho cuidado con el cardenal porque por mucho menos que esto hay curas en la cárcel»[2]. Se refiere a su deseo de que don Juan Carlos sea rey de «todos» los españoles, una frase que no encaja en quienes, treinta y seis años después del final de la Guerra Civil, siguen dividiendo España en buenos y malos.

Cuando esa mañana los reyes salen de la iglesia de los Jerónimos camino del Palacio Real, recorren las calles de Madrid en un descapotable saludando a la multitud. En ese momento, cuando sólo ha transcurrido una semana desde la muerte de Franco, el rey tiene varias certezas, y no todas son favorables. Su figura empieza a generar un cierto fervor ciudadano, las calles le aplauden, y ha conseguido concitar el apoyo internacional y el de la Conferencia Episcopal Española, que está bien alineada con el Vaticano.

El problema es el sentir de los ámbitos políticos, y ahí encuentra de todo menos fervor: su figura genera indignación en el régimen, que recela de sus gestos aperturistas, y desconfianza en la oposición democrática a Franco, que lo ve demasiado cerca del franquismo.

---

[2] Ibíd., págs. 343-346.

Y, ante todas estas certezas, el problema es cómo proceder. Don Juan Carlos ya ha heredado todo el poder y dispone de cierta autoridad, pero no controla las instituciones. Es más, el rey sabe que las nuevas instituciones que deberán nacer con el modelo democrático tienen que contar con algún tipo de ayuda financiera. No es un detalle menor, así que decide buscarse la vida para financiar el proceso de transición política que está decidido a abrir para España. Por eso, la búsqueda de apoyos a su proclamación no es el único movimiento internacional que hace.

El monarca es consciente de que las nuevas estructuras democráticas necesitan impulso: partidos políticos, sindicatos, incluso la propia Corona. Eso se llama dinero, pero ¿de dónde sacarlo en una sociedad que observa expectante un proceso en el que casi nadie confía?

Don Juan Carlos hace un movimiento arriesgado, pero necesario para dar soporte a una arquitectura que debe crearse de la nada. El rey saudí le presta treinta y seis millones de dólares[3] para financiar el proceso político. Un nuevo Estado no se crea de la nada y don Juan Carlos debe ser discreto, porque en paralelo hay que enfrentarse a las instituciones franquistas, que no están en absoluto a favor de los planes reformistas. La prueba es que, en la última semana, los presidentes del Gobierno, Arias Navarro, y de las Cortes, Rodríguez de Valcárcel, han mostrado tanto en público como en privado que su voluntad es perpetuar el franquismo sin Franco. A lo mejor Valéry Giscard d'Estaing tenía razón y Juan Carlos I no va a durar más de «tres o cuatro meses». Toca empezar a deshacer el nudo, pero ¿a quién llamar primero?

---

[3] Juan Fernández-Miranda y Javier Chicote, *El jefe de los espías,* Roca Editorial, Barcelona, 2021.

9
EL PROFESOR DEL REY

—Torcuato, el viejo está mal. Quiero verte el lunes a las siete y media[1].

El 17 de octubre de 1975, un mes antes de su fallecimiento, Franco sufrió una recaída en su enfermedad. Al trascender la noticia, el príncipe llamó a Torcuato Fernández-Miranda, con quien mantenía una estrecha relación durante los últimos quince años. En el último mes de vida de Franco, los contactos se intensifican.

La reunión se prolonga durante casi dos horas, hasta las nueve y veinticinco. El punto principal en el orden del día son los pasos que se darán después de la proclamación y del primer discurso. Don Juan Carlos sabe que los dos puestos clave para llevar a cabo su plan democratizador son las presidencias del Gobierno y de las Cortes, ambas ocupadas en esos momentos por dos personas afectas al general Franco: Carlos Arias Navarro y Alejandro Rodríguez de Valcárcel. Lo que no sabe entonces es que, en los días siguientes a la muerte de Franco, ambos harán exhibición pública de su militancia franquista, dificultando

---

[1] Pilar y Alfonso Fernández-Miranda, *Lo que el Rey me ha pedido,* Plaza & Janés, Barcelona, 1995, pág. 90.

uno de los primeros objetivos del rey: pasar página lo más rápidamente posible.

Cuando el príncipe se reúne con Torcuato semanas antes de la muerte de Franco, tiene una sola certeza y una panoplia de dudas. La certeza es que ambos presidentes tendrán que ser sustituidos, pues con ellos no será posible dar pasos adelante. Las dudas se plantean respecto a quiénes deben ser sus sustitutos, cómo conseguirlo y, por último, en qué orden. Resolver este misterio le tendrá ocupado unas cuantas semanas.

El príncipe se sincera ante Fernández-Miranda:

—Hay que tenerlo todo pensado. Creo que no podré seguir con Arias y mi candidato eres tú. Pero me temo que no va a ser posible. Sabes la confianza que tengo en ti, como en nadie. Yo te necesito. No sé ni dónde ni cómo, pero te necesito. Nadie me ha hablado nunca como tú y nadie ha sabido callar como tú.

Esta demostración de afecto y respeto intelectual no es casual. El príncipe tiene la mejor opinión de su profesor desde hace al menos tres lustros, cuando en sus estudios le dio clase de una manera distinta al resto de los profesores, con un método que conquistó a tan distinguido alumno:

—¿No me va a traer libros? —le preguntó aquel joven Juan Carlos de veintiún años cuando el profesor se presentó en las clases sin papeles y sin notas.

—Vuestra Alteza no los necesita.

—¿Cómo que no los necesito? ¡Los necesito para estudiar!

—No, no... Vuestra Alteza debe aprender escuchando y mirando a su alrededor.

—Pero cuando tenga que pasar un examen...

—No los necesita.

—¡Sí que los necesito!

—No.

—Pero ¿cómo voy a ponerme al corriente de todas esas cosas?... ¿Quién va a ayudarme? —preguntaba ese joven príncipe angustiado cuando Torcuato le hablaba de su futuro oficio de rey.

—Nadie. Tendréis que hacer como los trapecistas que trabajan sin red.

—¿Sin red?

—Sin red[2].

Desde esos primeros años sesenta la relación entre ambos se fue estrechando. Las clases eran distintas y estimulaban al alumno, probablemente porque les encontraba una utilidad práctica para su futuro aún muy lejano como rey: «Cuando digo a Vuestra Alteza que mire bien a su alrededor es para que comprenda que, a veces, situaciones que parecen idénticas son en realidad muy diferentes. La historia se repite, pero no se parece. Cada vez el envite es diferente».

Tanto es así, que la buena relación que mantenían en aquellos años llegó a oídos de Franco. El jefe del Estado, celoso de lo que pudiera estar pasando en el aula, dio orden de que un ayudante militar del príncipe estuviera presente durante las clases. El profesor, sorprendido, se lo explicó a quien dio la orden en nombre de Franco:

—¿Sabes por qué el Caudillo quiere que esté presente un militar en mis clases?

—No.

---

[2] José Luis de Vilallonga, *El Rey. Conversaciones con Don Juan Carlos I de España,* Plaza & Janés, Barcelona, 1993.

—Para que Su Alteza y yo no hablemos de política[3].

Transcurridos quince años, con Franco seriamente enfermo y el príncipe sintiendo que la hora de la verdad está a punto de llegar, la primera persona a la que llama es a Fernández-Miranda. Le admira su «fascinante inteligencia» y le responsabiliza de haberle enseñado a tener paciencia y serenidad y a no fiarse de las apariencias[4].

El miércoles 22 de octubre el príncipe vuelve a citar a Torcuato en la Zarzuela. La cita es a las siete de la tarde y se prolonga durante una hora y veinte minutos. Los temas son los mismos: la salud de Franco, la situación política, el modo de proceder una vez proclamado rey. Pero ese día se produce una novedad en forma de pregunta:

—Torcuato, ¿quieres ser presidente del Gobierno o presidente de las Cortes?

---

[3] Pilar y Alfonso Fernández-Miranda, *Lo que el Rey me ha pedido,* ob. cit., pág. 51.

[4] José Luis de Vilallonga, *El Rey. Conversaciones con Don Juan Carlos I de España,* ob. cit., págs. 96-97.

10
Fernández-Miranda, el catedrático

Torcuato Fernández-Miranda es dos veces catedrático de Derecho Político y ha ocupado importantes cargos en el franquismo durante veinte años: desde director general de Enseñanza Media en 1954 hasta vicepresidente del Gobierno en 1973. Por eso, en 1960, fue profesor del rey: cuando Franco encargó al ministro de Educación que preparara los estudios universitarios del joven príncipe, el ministro delegó en el director general de Universidades. Ese era el puesto de Torcuato, que se reservó para sí mismo las clases vinculadas a su especialidad académica. Y ahí empezó la relación personal entre ambos, sin libros, sin red. Pura casualidad.

En Fernández-Miranda se complementan a la perfección la vocación universitaria con la ambición política, dos cualidades que ha sabido compaginar siempre sin adscribirse a grupos: a sus oposiciones se presentó sin maestro, sin escuela; y en el franquismo prosperó sin formar parte de familia alguna. Todo ello se traduce en una ventaja y en un inconveniente: la ventaja es su probada independencia, algo que gusta mucho al príncipe («nadie me ha hablado nunca como tú, nadie ha sabido callar como tú»); la desventaja es que despierta enormes recelos en el *establishment* franquista: no es controlable.

La mejor prueba de que esto es así tuvo lugar dos años atrás, cuando él era vicepresidente del Gobierno, y el 20 de diciembre de 1973 la banda terrorista asesinó al presidente del Gobierno, el almirante Luis Carrero Blanco, en un brutal atentado en el centro de Madrid. Aquel día, y durante un total de dieciséis, Fernández-Miranda asumió la presidencia del Gobierno en funciones y gestionó el postatentado con aplomo y serenidad.

Aquella mañana de 1973, Fernández-Miranda llegó como vicepresidente a la sala donde se celebraba el «consejillo» de los jueves, la reunión previa al Consejo de Ministros que se celebraba los viernes y a la que acudiría el jefe del Estado. Al llegar, fue informado de la muerte de Carrero Blanco. «No es posible», exclamó. No estaban todos, faltaba, precisamente, el ministro de la Gobernación, Arias Navarro. Comienza la reunión. Tras llamar a Franco, que está en su residencia de El Pardo, Torcuato toma la palabra.

—Soy el presidente; lo soy de modo automático por disposición de ley orgánica. Estoy seguro de la colaboración de todos[1].

Las cosas, claras. Son las once y cuarto de la mañana del 20 de diciembre de 1973 y Fernández-Miranda tiene una obsesión, la misma que dieciséis años antes, en 1957, le había llevado a enfrentarse al gobernador civil de Barcelona para descartar el uso de la violencia en la resolución de los altercados en la universidad; la misma que tres años antes, en 1970, le había empujado a oponerse a sus compañeros en el

[1] Torcuato Fernández-Miranda, «Diario inédito», *ABC*, 1979, pág. 72.

Consejo de Ministros con el fin de conceder el indulto a los condenados a muerte en el proceso de Burgos; la misma obsesión que, tres años después, se resumiría en el lema de la que fue su gran obra política: «de la ley a la ley». La violencia no es una opción. España ya no puede permitirse el lujo de presentarse ante la comunidad internacional como un régimen cerrado, aunque de hecho aún lo es. Por todas estas razones, antes de abandonar la sala, añade:

—No habrá estado de excepción[2].

No es una decisión fácil, pero Fernández-Miranda la toma consciente de que, en el régimen, en el propio Gobierno, hay partidarios de la venganza. Por eso, busca impedir que las vendetas tengan cobertura legal. La segunda decisión es dirigirse a los españoles por televisión para informarles de que no habría represalias: «Nuestro dolor no turba nuestra serenidad, la serenidad en estos momentos es la mejor expresión de nuestra fortaleza». Y la tercera, dar orden de comunicarse por primera vez en décadas con la oposición en el exilio para apelar a la calma.

En aquellos dieciséis días, los últimos de 1973 y los primeros de 1974, dos personas se desmarcaron de los sectores más ortodoxos del régimen. La primera fue Fernández-Miranda en su responsabilidad interina de presidente. La otra, el cardenal Enrique Vicente y Tarancón, al que el presidente autoriza el oficio de la misa funeral por el almirante asesinado. La multitud le grita:

—¡Tarancón, al paredón!

—¡Queremos obispos católicos!

---

[2] Joaquín Bardavío, *La crisis: historia de quince días,* Sedmay, Madrid, 1974, pág. 88.

—¡Obispos rojos!

La misa funeral se celebra en la basílica de San Francisco el Grande en presencia de Francisco Franco. El cardenal Tarancón condena el atentado y recuerda la profunda fe de Carrero.

—Si esta trágica muerte nos descubriera a todos la preocupación por el bien común, por la grandeza de la nación y por su convivencia pacífica en la Justicia... habríamos logrado que esta fuera una hora de fecundidad, no sólo de llanto.

Llega el turno de dar la paz. El cardenal empieza por Franco, al que abraza. Después, el príncipe, y tras él, el presidente del Gobierno. Cuando Tarancón le estrecha la mano, Torcuato quizá recuerda el telegrama que le envió unos días atrás, cuando Carrero acababa de ser asesinado. Tarancón había sido uno de los primeros en mostrarle su apoyo en esos días difíciles. «Asegúrole oraciones y colaboración vuestra excelencia nuevas responsabilidades asumidas», decía el telegrama.

En esos días ambos fueron valientes cuando se opusieron a la violencia, uno desde el Gobierno, otro desde la Iglesia. Y ambos concitaron el rechazo de los más inmovilistas del régimen. Tal vez por eso, transcurridos esos dieciséis días tras el atentado, Franco tomó una decisión que no encajaba en la lógica castrense: en lugar de designar presidente al número dos del Gobierno, nombró al ministro del Interior al que le acababan de asesinar a su jefe. No hay duda de que en Franco influyen los sectores más ortodoxos del búnker franquista, que desconfían de sus intenciones: «Cualquiera menos Torcuato». Y Torcuato fue expulsado de la clase política.

Dos años después, en octubre de 1975, con Franco terminal y don Juan Carlos preparándose para sucederle, ese incesante soniquete vuelve a tomar fuerza: «cualquiera menos Torcuato, cualquiera menos Torcuato». Casi todos en el régimen lo comparten, y sólo hay uno que le apoya sin tapujos: el príncipe don Juan Carlos. Pero, muerto Franco, ¿quién forma exactamente el búnker?

11
El régimen se divide: el «gironazo»

El 22 de noviembre de 1975, aproximadamente a las 13:00 horas, el recién proclamado rey abandona el hemiciclo y buena parte de los procuradores y los consejeros nacionales se dan la vuelta en sus escaños para aplaudir a la hija de Franco, presente en la tribuna de invitados. Los procuradores la miran de abajo a arriba y ella, desde las alturas, les corresponde. ¿Aplauden por educación, por reconocimiento? ¿Implica ese aplauso un compromiso de futuro con lo que su padre ha representado durante los últimos cuarenta años? ¿Implica ese gesto que existe un hilo irrompible del pasado con el futuro?

Tratar de averiguar cuándo los más inmovilistas del régimen impusieron su voz obliga a echar la mirada atrás, exactamente al 20 de diciembre de 1973, una hora después del atentado contra el almirante Luis Carrero Blanco, presidente del Gobierno.

El asesinato de Carrero Blanco fue un golpe durísimo para Franco, que en esos días se lo reconoce a uno de sus asesores: el atentado corta «el último hilo que me unía con la vida». El almirante había sido uno de sus hombres de confianza durante muchas décadas. En un lejano 1946, él fue quien llevó a Estoril, el cuartel general de don Juan, la Ley de Sucesión que instauraba un reino sin rey y otorgaba a Franco la opción de elegir sucesor: esa fue la estocada final a las aspiraciones sucesorias del hijo de Alfonso XIII. Carrero siempre le apoyó y Franco lo premió seis meses antes de su asesinato nombrándolo presidente del Gobierno. Se trataba de un puesto de nueva creación, pues, desde la Guerra Civil hasta ese momento, Franco había fusionado y ejercido las funciones de jefe del Estado y líder del Ejecutivo. Y Carrero, consciente de que su nombramiento ponía fin a las legítimas ambiciones de muchos políticos del franquismo, decidió nombrar un vicepresidente independiente, autónomo, sin militancia y discreto: alguien que controlara a las distintas familias del régimen, y ese era Torcuato, con quien estuvo trabajando la tarde anterior.

Cuando se inicia el consejillo con la silla vacía del presidente y Fernández-Miranda anuncia que «no habrá estado de excepción»[1], está enviando un mensaje a los más duros: no quiere venganzas ni noche de cuchillos largos, el Gobierno no aflojará la ley para dar alas a la violencia. Nada. Sin embargo, en esa jornada se producen tres intentos de respuesta que permiten atisbar en qué posición se encuentran los más inmovilistas del régimen.

El primero tuvo lugar en la misma sala del consejillo: el ministro de Educación, Julio Rodríguez, se ofrece a constituir comandos que, a lo largo de la investigación del atentado, «lleguen hasta donde la Policía no puede llegar»[2]. El segundo se produjo en el exterior del edificio, en el paseo de

[1] Torcuato Fernández-Miranda, «Diario inédito», *ABC*, 1979, pág. 72.

[2] Victoria Prego, *Así se hizo la Transición*, Plaza & Janés, Barcelona, 1995, pág. 19.

la Castellana 3: el consejero nacional Blas Piñar se presenta allí para ponerse a las órdenes del Gobierno: está dispuesto a movilizar a su gente. La oferta es amablemente rechazada[3]. El tercer movimiento es más grave y tiene como protagonista al director general de la Guardia Civil, teniente general Iniesta. A las 18:00 horas, y sin consulta alguna al Gobierno, da la orden de que se envíe un telegrama a todos los mandos del Instituto Armado: «Caso de existir choque o tener que realizar acción contra cualquier elemento subversivo o alterador del orden deberá actuarse enérgicamente sin restringir ni en lo más mínimo el empleo de sus armas».

—¿Crees que es admisible la conducta de Iniesta? —pregunta esa misma tarde el presidente en funciones al ministro de Marina, Gabriel Pita da Veiga, que ejerce las funciones del Ejército en ausencia del ministro.

—Creo claramente que no —responde.

—Dile a Iniesta que deje sin efecto la norma por otro telegrama y que lo haga inmediatamente. Acepto toda la responsabilidad, y, si lo necesitas, te lo digo como presidente.

En esos días, el Gobierno de Franco consigue mantener la serenidad. Incluso, por primera vez en cuarenta años, desde el Gobierno de España se envía un mensaje a Santiago Carrillo, líder del Partido Comunista de España (PCE) en el exilio. Es un mensaje de calma: tú mantén quietos a los tuyos que yo mantengo quietos a los míos.

La crisis política derivada del atentado de ETA se cierra el 4 de enero de 1974 con el nombramiento de Carlos Arias Navarro y da comienzo a una nueva etapa. Ya se empieza a

---

[3] Joaquín Bardavío, *La crisis: historia de quince días*, Sedmay, Madrid, 1974.

vislumbrar que en el franquismo existen dos almas: una profundamente inmovilista, que desea que el franquismo se perpetúe cuando Franco ya no esté: ahí están Blas Piñar, Julio Rodríguez y el teniente general Iniesta, como han demostrado en esos días de tribulación; y otra aperturista y dispuesta a explorar opciones para una España más abierta, más liberal y democrática: ahí están Fernández-Miranda, Manuel Fraga y José María de Areilza, como el tiempo demostrará.

En ese debate, ¿dónde se sitúa el sucesor de Carrero?, ¿dónde está Arias Navarro? La esposa de Franco, que con la decadencia física de su marido va ganando influencia en favor de ese sector continuista, está encantada con su nombramiento como presidente. Dos meses después del atentado, lanzó ese plan supuestamente aperturista bautizado como «el espíritu del 12 de febrero». Supuesto, porque no fue a ningún sitio, entre otras cosas porque el propio Arias no creía en él, pero sí tuvo un efecto reactivo en el búnker: el intento de Arias de calmar a los jóvenes aperturistas sólo tuvo una consecuencia: poner en alerta a los más inmovilistas.

Sólo cuatro meses después, diecinueve antes de la muerte de Franco, el 27 de abril de 1974, el diario *Arriba* publica el «gironazo», un manifiesto contra el plan Arias liderado por José Antonio Girón de Velasco, exministro de Trabajo: «Vivimos tiempos difíciles, pero no seremos derrotados por la confusión orquestada desde dentro y desde fuera de España». Se trata de una declaración pública que busca alertar a los «sectores introducidos en el régimen» o «infilitrados en la Administración» y que han llevado a Arias a poner en marcha ese propósito aperturista que no es más que una trampa. Y aquí hay un matiz importante: Girón critica «el espíritu del 12 de febrero», critica toda intención aperturista, pero deja al margen a Arias Navarro, al único al que informó de su manifiesto. «Haz lo que quieras», le respondió Arias[4].

Un mes después, finalizando mayo, Blas Piñar vuelve a aparecer, esta vez públicamente: «Señores, pese a quien pese, la guerra no ha terminado [...]. El espíritu del 12 de febrero habla de fidelidad al futuro. Esto es algo taumatúrgico y mágico, porque cuando el futuro no es fiel al pasado se convierte en la peor de las traiciones [...]. Nosotros no hemos bajado la guardia. Os convoco a la lucha»[5].

Pretendiéndolo o no, el «gironazo» consigue, en 1974, explicitar la división en dos del régimen: los aperturistas, a los que Blas Piñar bautiza como «enanos infiltrados»; o los continuistas, los inmovilistas, el búnker, que se agarran al pasado y llaman a la lucha. Aún quedan dieciocho meses para la muerte de Franco y en el régimen hay una grieta evidente sobre lo que hay que hacer cuando se produzca «el hecho biológico». El franquismo está dividido, aunque el día que el rey es proclamado y los procuradores aplauden a Carmen Franco Polo se desconoce cuántos están realmente en cada lado. ¿Continuismo o aperturismo?

---

[4] *Historia de la Transición. Diez años que cambiaron España, 1973-1983*, primera parte, Diario 16, Madrid, 1985, pág. 29.

[5] Idem.

12
La oposición planta cara: la ruptura

«Deseo comenzar mi reinado haciendo uso de la prerrogativa de gracia». El 25 de noviembre de 1975, tres días después de la proclamación, don Juan Carlos preside su primer Consejo de Ministros como rey. El Gobierno aún es el último de Francisco Franco, pero el monarca ya ostenta todo el poder. Por eso, toma la decisión de conceder un indulto general. ¿El motivo? Su proclamación, aunque también es «un homenaje a la memoria de la egregia figura del Generalísimo Franco, artífice del progresivo desarrollo en la paz de que ha disfrutado España en las últimas cuatro décadas, durante las cuales otorgó once indultos generales e innumerables indultos particulares». El rey tiene el poder, pero aún debe mantener los equilibrios. Franco había utilizado esta prerrogativa en doce ocasiones desde el 1 de abril de 1939 hasta el 1 de octubre de 1971.

En su justificación de motivos, el decreto del rey explica que «enaltecer la justicia —que es el fundamento del orden y la libertad— con el ejercicio de la clemencia ha sido una constante en la línea de nuestras mejores tradiciones históricas y religiosas», de modo que «la instauración en mi persona de la monarquía española ha de significar una reafirmación de los propósitos de convivencia solidaria y pacífica entre todos los españoles».

El indulto no es total, dado que se exceptúan las penas por delitos de terrorismo, pero sí abarca «todas las penas impuestas o que puedan imponerse, incluidas las de muerte por delitos anteriores al 22 de noviembre». En ese momento, en la España que hereda el rey hay cinco condenas a muerte dictadas en el mes de octubre en aplicación de la ley antiterrorista. Don Juan Carlos, que ya defendió ante Franco y en nombre de su padre que impidiera las ejecuciones, empieza dando ejemplo y mostrando a los españoles y al mundo un liderazgo distinto: adiós a las penas de muerte.

Pronto se estima que el primer indulto del rey beneficiará a unos cuatro mil presos comunes, que podrán salir en los próximos días, y a doscientos treinta y cinco presos políticos de los dos mil existentes[1]. Y los efectos prácticos llegan cinco días después, el 30 de noviembre. Exactamente a la 1:35 de la madrugada, las puertas de la cárcel de Carabanchel se abren para que salgan los presos del proceso 1001, uno de los últimos juicios políticos del franquismo.

Tras la verja aparece la figura de Marcelino Camacho, líder del sindicato Comisiones Obreras, obrero metalúrgico y persona respetada por su labor en defensa de los derechos de los trabajadores. Fue condenado inicialmente por el Tribunal de Orden Público a veinte años de prisión, que luego fueron rebajados a seis por el Supremo. Junto a él, recobran la libertad otros seis presos políticos, entre ellos Nicolás Sartorius, y otros dieciocho reclusos comunes. Camacho ofrece una rueda de prensa:

---

[1] Victoria Prego, *Así se hizo la Transición*, Plaza & Janés, Barcelona, 1995, pág. 352.

—Nuestra alegría no es completa porque dentro quedan muchos compañeros. El indulto es estrechísimo. Hay que conseguir la amnistía para todos, y pronto.

Amnistía es la palabra clave. Camacho no sólo no se conforma, sino que se alinea con una reivindicación del Partido Comunista desde 1956, cuando se cumplieron veinte años del golpe de Estado de Franco. En aquel entonces, el PCE publicó un manifiesto en el que solicitaban no un perdón gracioso concedido por el jefe del Estado, sino un borrado legal: «Uno de los obstáculos fundamentales que aún se interponen entre las fuerzas de la izquierda y de derecha en el camino de la reconciliación nacional es en unos, el rencor y los odios que la guerra y la represión sembraron; en otros, el temor a la venganza y a la exigencia de responsabilidades». La izquierda española pide una amnistía desde 1956.

De modo que el indulto general de don Juan Carlos es para la oposición en el exilio claramente insuficiente y está muy alejado del objetivo final de reconciliar a los españoles. No es que la oposición quiera más, es que lo quiere todo. Pero ¿quién es exactamente la oposición cuando don Juan Carlos de Borbón acaba de ser proclamado rey? Hay dos, una fuera de España y otra dentro, y cuando en 1974 la salud de Franco empieza a dar signos de agotamiento, ambas se ponen manos a la obra. Quieren estar preparadas.

El 30 de julio de 1974 nació en París la Junta Democrática, una organización antifranquista que buscaba aunar voluntades en torno al Partido Comunista. El principal líder es Santiago Carrillo, líder del PCE en el exilio y auténtica bestia negra del franquismo por sus actuaciones durante la Guerra Civil en la defensa de Madrid. En ese momento, el tema de conversación en España era el «gironazo» y el enfado de los más ortodoxos del régimen con las tibias veleidades aperturistas de Arias Navarro. Se trataba, además, de una fecha simbólica, pues ese día Francisco Franco volvió a casa después de su primera convalecencia, que había propiciado que el todavía príncipe Juan Carlos asumiera las funciones de jefe del Estado por primera vez.

Al acto formal de presentación de la Junta asistieron Carrillo, Raúl Morodo, el exfranquista y juanista Rafael Calvo Serer, y José Vidal-Beneyto. Tres convicciones y un compromiso, todo ello dirigido veladamente a un rey al que no conceden autoridad alguna: es necesaria una «acción democrática de la oposición», no existe ningún «proyecto democrático por parte del Gobierno», y es imposible un «intento liberalizador desde el poder». Por ello, y este era el compromiso, se ofrecía a «vigilar, coordinar, promover y garantizar el proceso constituyente de la democracia política en España». ¿Y cuál es el fin? Formar un Gobierno provisional y aprobar una amnistía total.

La otra oposición, la de dentro, se organizó más tarde, casi un año después, pero también con Franco vivo. El 11 de junio de 1975, el Partido Socialista Obrero Español (PSOE) impulsa la Plataforma de Convergencia Democrática, una organización que reúne a un buen número de partidos y movimientos entre los que destaca la Unión General de Trabajadores (UGT). El hombre clave es Felipe González Márquez, un joven abogado que lidera un partido con casi un siglo de historia, pese a que durante el franquismo ha tenido un protagonismo infinitamente menor que el PCE. Sin embargo, en el congreso que el PSOE celebró en Suresnes en 1974, el histórico dirigente Rodolfo Llopis dio paso a González y con él a toda una generación de jóvenes socialistas.

De modo que la oposición que espera la muerte de Franco al ralentí se articula en torno a la Junta y la Plataforma, el PCE y el PSOE, dos izquierdas muy distintas, ambas declaradas ilegales por Franco y ambas deseosas de incorporarse de nuevo a la vida política española. Ambas lo llaman democracia, ambas piensan en la ruptura como única salida al continuismo de los franquistas de siempre, y ambas desconfían absolutamente de las intenciones y de las posibilidades de ese joven rey al que Santiago Carrillo bautizó en esos tiempos como «Juanito el Breve».

De modo que, ¿cómo reacciona la Junta Democrática al indulto general concedido por el rey aquel 25 de noviembre de 1975? Más madera: tras constatar «la decepción de que el indulto no haya alcanzado a la totalidad de los presos políticos», convoca a «la más amplia movilización ciudadana para conseguir la ruptura ciudadana por la vía pacífica, con la legalización de todas las libertades políticas y de la democracia pluralista y la superación de la Guerra Civil».

El Partido Comunista de España, principal motor de la Junta Democrática, apuntala esta idea llamando a «una huelga general», porque «la presencia popular en las calles exigiendo un Gobierno provisional puede dar al traste con lo existente, abriendo un periodo constituyente para articular al pueblo a través de las fuerzas políticas».

Mucho más moderada es la Plataforma de Convergencia Democrática, para la que la concesión de esos indultos es la constatación de que no ha habido cambio «en el carácter autoritario del régimen», y para la que «son principios mínimos y necesarios de toda democratización la libertad de partidos políticos, la libertad de expresión, reunión y manifestación y el pleno, inmediato y efectivo ejercicio de los derechos y de las libertades políticas de las distintas nacionalidades y regiones del Estado español».

La concesión de indultos por parte del rey —un gesto valiente si se tiene en cuenta el contexto interior— no sólo no se entiende bien desde las distintas oposiciones, sino que se convierte en un argumento que las fortalece. Y, además, a pesar de que las reacciones son distintas, como consecuencia de ese episodio empieza a germinar la idea de que la oposición a Franco debe ser una. No creen en don Juan Carlos y están en disposición de mostrar su fuerza: ¿movilizaciones?, ¿huelga general?, ¿unidad de acción? Sea lo que sea, la situación es inédita tras cuarenta años de franquismo: la oposición está envalentonada, desconfía radicalmente del rey y está dispuesta a demostrarlo en la calle. Ruptura. En la España que hereda don Juan Carlos, empiezan a vislumbrarse dos: continuismo y rupturismo, las dos Españas. Exactamente lo que el rey pretende evitar.

13
El primer nombramiento

Las presiones sobre Juan Carlos I son enormes. Proclamado rey el día 22 de noviembre, enterrado Franco el 23 y celebrado el primer Consejo de Ministros el 25, llega la hora de la verdad: ¿Quién va a ser el presidente del Gobierno de la monarquía? ¿Y el de las Cortes? ¿Está dispuesto el nuevo jefe del Estado a hacer ambos nombramientos a la vez? ¿Tiene respaldo para ello? Y, por último, en su caso, ¿quiénes son los elegidos?

El 26 es un día clave porque caduca el nombramiento de Alejandro Rodríguez de Valcárcel como presidente de las Cortes. Hay que tomar la decisión de destituirlo o renovarlo durante seis años más, y es una decisión cargada de simbolismo. Abogado del Estado y falangista, ha sido gobernador civil de tres provincias y vicesecretario general del Movimiento entre 1965 y 1969. Es, como ha demostrado en los últimos días, un hombre leal a Franco, y que él no haya dicho nada al respecto de su renovación es la mejor evidencia de que tiene intención de seguir en un cargo que ocupa desde hace seis años. No obstante, su estado de salud no es el mejor.

Hace ya unas semanas desde que el príncipe, con la segunda recaída de Franco, llamó a Fernández-Miranda, le dijo aquello de «el viejo está mal» y le formuló también la pregunta que todo político quiere escuchar: ¿quieres ser presidente del Gobierno o presidente de las Cortes? En aquel momento, Torcuato, hombre reflexivo donde los haya, ya había estudiado todas las posibilidades para poder llevar a cabo los planes democratizadores del rey, planes que él conocía desde hacía lustros. La respuesta fue tan dolorosa como honesta:

—Señor, el hombre político que soy quiere ser presidente del Gobierno, pero le seré más útil en la Presidencia de las Cortes[1].

Esa frase es la mejor prueba de que Fernández-Miranda no está en estrategias personalistas. Es el único caso conocido en la historia de España en el que un político renuncia al nombramiento más importante a su alcance. Y no es una decisión fácil, pero hay un bien superior: ayudar a Juan Carlos de Borbón a llevar a España a una monarquía parlamentaria. Fernández-Miranda conoce bien la historia de España y es experto tanto en la legalidad franquista como en las democracias liberales. No en vano, en los años cincuenta, en la Universidad de Oviedo, y en los años setenta, en la Universidad Central, ha dedicado sus clases a explicar a sus alumnos las diferencias entre los dos sistemas que dominan el mundo: Estados Unidos y la Unión Soviética.

Desde el punto de vista teórico, Fernández-Miranda tiene un plan. Pero hay algo más; en el año 1969 aceptó ser ministro secretario general del Movimiento con un claro objetivo: conocer uno a uno a todos los prohombres del ré-

---

[1] José Luis de Vilallonga, *El Rey. Conversaciones con Don Juan Carlos I de España,* Plaza & Janés, Barcelona, 1993, pág. 94.

gimen, desde los ministros del Gobierno a los jefes locales del Movimiento. Conociendo la arquitectura jurídica franquista y a la clase política, el profesor del rey contaba con toda la información necesaria para elaborar un plan de desmontaje legal del régimen: sin vacíos de poder, sin sobresaltos y, en una excepción histórica, sin violencia. Por eso le dijo al rey que era más importante estar en las Cortes, la institución que aprueba las leyes y que (en democracia) legitima la acción del Gobierno.

De modo que, desde el mismo momento en que es proclamado, el rey tiene claro que quiere situar a Torcuato en las Cortes, aunque se encuentra con dos serios problemas. El primero es que Rodríguez de Valcárcel quiere continuar y que el plazo se agota, por lo que tendrá que convencerle para que renuncie. No es poca cosa. Además, en el caso de que lo consiga, entra en juego el Consejo del Reino: dicha institución, que también lidera el presidente de las Cortes, debe entregar al rey una terna con sus propuestas de candidatos. En tiempos de Franco todo era un inmenso paripé, y en la terna siempre aparecía el nombre que el jefe del Estado había decidido previamente. Pero, con don Juan Carlos en la Zarzuela, ¿iban los consejeros del Reino a someterse con tanta facilidad a su autoridad? La respuesta es no.

Y aquí llega el segundo problema: aquel incesante soniquete de «cualquiera menos Torcuato» que impidió que el profesor del rey fuera presidente del Gobierno en 1973 tras el atentado de Carrero vuelve a cobrar fuerza. El problema es grande porque el principal promotor de la oposición a Fernández-Miranda es Alfonso Armada: instructor militar y preceptor de don Juan Carlos de Borbón, jefe de la Secretaría del Príncipe desde 1965 y su ayudante personal, y, una vez proclamado, secretario general de la Casa del Rey. Su influencia es inmensa, de modo que el rechazo a Torcuato se encuentra en la antesala del despacho del rey.

Antes aún de la muerte de Franco, Fernández-Miranda es plenamente consciente de la situación y tarda poco en darse cuenta de que Armada está tratando de dejarle en fuera de juego:

> No me gusta Alfonso Armada. Armada sostuvo siempre que en los primeros meses Arias era insustituible, si no parecería una ruptura demasiado violenta con el Caudillo. No me gusta, su actitud para mí es esta: hagamos que ahora no sea presidente de las Cortes, cuya vacante se produce, nombremos a Rodríguez de Valcárcel; después, tampoco será presidente. Tengo que pensar mucho en esto. Creo que Alfonso Armada juega, respecto a mí, un juego sucio, al menos un juego doble. Tampoco sé precisarlo bien, pero no me ofrece duda. Diría que quiere anular mi posible influencia en el príncipe. Hay que esperar[2].

Fernández-Miranda observa la jugada de Armada, que quiere desplazarle. Y, como es hombre directo, se lo pregunta sin rodeos al todavía príncipe: «Él te valora mucho —le responde don Juan Carlos—. Sin embargo, me dijo: "Torcuato es un gran profesor, pero de político nada"»[3].

Es más, el príncipe le cuenta a Torcuato un almuerzo que mantuvo unas semanas antes, el 25 de octubre, con los dos hombres fuertes de su casa: el jefe, Nicolás de Cotoner,

---

[2] Pilar y Alfonso Fernández-Miranda, *Lo que el Rey me ha pedido,* Plaza & Janés, Barcelona, 1995, pág. 98.

[3] Idem.

marqués de Mondéjar, y el secretario general, el general Armada: «Tanto Nicolás como Alfonso son partidarios tuyos, pero te ven más como presidente del Gobierno que como presidente de las Cortes, pues entienden que Arias no puede seguir»[4].

Los días van pasando y el tiempo juega en contra del príncipe, que se da cuenta del coste que le supone apostar por Torcuato. Los albaceas del franquismo van ganando posiciones, de modo que don Juan Carlos hace una nueva propuesta a Torcuato: confirmar a Arias en el Gobierno, nombrarle a él en las Cortes para que, unos meses después, dé el salto al Ejecutivo. Torcuato le responde que no es viable. Su deseo es ser presidente de las Cortes, porque sólo desde allí se podrá desmontar el régimen de Franco, pero si el rey quiere hacerle presidente del Gobierno debe ser desde el principio. Fernández-Miranda está obsesionado con no dar la impresión de que el rey tiene una especie de valido o tutor. Eso no es una opción para un rey constitucional y democrático. O un cargo o el otro, pero los dos no.

Entre tanto, una segunda operación fragua, una vez fallecido el dictador, para que el rey nombre a su primer presidente del Gobierno.

---

[4] Idem.

14
Operación Lolita

La segunda jugada que se articula para tratar de colocar a un presidente de Gobierno favorable a don Juan Carlos es la Operación Lolita. El objetivo es nombrar a José María López de Letona, un tecnócrata que había sido ministro de Industria hasta 1973 y que estaba siendo promocionado por importantes ministros del Gobierno. El día 21 de noviembre, el todavía príncipe llama a Torcuato y le pide que reciba a Alejandro Fernández Sordo, ministro de Relaciones Sindicales y persona influyente en sectores del Movimiento y en el mundo del sindicalismo vertical, pero le especifica que es el ministro el que se lo ha pedido. El príncipe sólo quiere saber qué está planeando y en nombre de quién: «Es él quien quiere verte. Óyele». De modo que Torcuato le recibe, escucha y calla:

—Primero hay que cambiar al presidente del Gobierno. Arias es insostenible. Luego hay que nombrar nuevo Gobierno y Rodríguez de Valcárcel será ministro secretario general del Movimiento. En segundo lugar, se nombraría presidente de las Cortes, que es el puesto que te va[1].

---

[1] Pilar y Alfonso Fernández-Miranda, *Lo que el Rey me ha pedido,* Plaza & Janés, Barcelona, 1995, pág. 106.

Unos días después, el 27, cuando el rey ya ha sido proclamado, vuelven a reunirse.

—Primero Gobierno, después Cortes —dice Fernández Sordo.

—No entro en ello. Será lo que el rey quiera.

—Es que el rey hará lo que tú digas.

—No es cierto, y no puedo aceptar que digas eso; y me parece que no es bueno para el rey que digas eso.

—Sólo te lo digo a ti.

De modo que el 28 de noviembre, con el «cualquiera menos Torcuato» fraguando en dos operaciones políticas —Armada y Lolita— que buscan desplazarle, y consciente de que él sólo cuenta con una carta (la voluntad del rey), Fernández-Miranda decide dejar de esperar —«No quiero ni pido nada, pero estoy disponible para todo»— y se confiesa ante el rey:

—No me gusta... Señor, si tanto hay en contra, debéis pensar en otro.

—¿Quién? No veo a otro —responde el rey sin ocultar su irritación[2]. Y añade—: Ven a verme a las ocho y media de la tarde.

La confluencia de ambas operaciones pone a Fernández-Miranda en el disparadero y al rey en una situación muy difícil. Pero don Juan Carlos está seguro de cuál es su prioridad. Asume que no puede cambiar a los dos presidentes a la vez, así que decide actuar y hace un movimiento arriesgado pero audaz, que supone el fracaso en el mismo instante de las operaciones Armada y Lolita: decide llamar a Carlos Arias Navarro, confirmarle en el puesto y pedirle que le ayude a sustituir a Rodríguez de Valcárcel en las Cor-

[2] Ibíd., pág. 109.

tes. Para controlar las Cortes, el rey entrega, de momento, el Gobierno. La respuesta de Arias es entusiasta:

—Confíe Vuestra Majestad en mí. Vuestra Majestad no tiene por qué intervenir ni gastarse. Yo hablaré [...] con quien sea necesario[3].

La mejor forma de conseguir que Rodríguez de Valcárcel dé un paso atrás en contra de su voluntad es que se lo pida el rey. Por eso, don Juan Carlos lo cita en la Zarzuela. El todavía presidente de las Cortes acude pensando que va a ser ratificado en el cargo y se encuentra con la noticia contraria. El rey le agradece su trabajo, le comunica que hace falta renovación y le pide que no se presente a la reelección. Es más: le demanda que escriba una carta a los consejeros del Reino dejándoles muy claro que se retira. El todavía presidente de las Cortes está desolado, pero es un hombre de palabra y escribe esa carta en tiempo y forma[4].

El rey está jugando fuerte. Aguanta las presiones moviendo sus fichas, cediendo y apostando, pero aún no ha ganado: para que el Consejo del Reino incluya a Torcuato Fernández-Miranda en la terna de candidatos a presidente de las Cortes (y del propio Consejo del Reino) aún deben votarlo los consejeros. En gran medida, su jugada depende de la capacidad de influencia de Arias Navarro. ¿Realmente está decidido el presidente del Gobierno de Franco a desgastarse para beneficiar a su principal adversario político? Parece que su entusiasmo con la ratificación en el cargo es tal que está dispuesto a todo.

---

[3] Idem.

[4] Victoria Prego, *Así se hizo la Transición*, Plaza & Janés, Barcelona, 1995, pág. 357.

Mientras el rey trabaja toda la tarde para poner en marcha la Operación Torcuato, Fernández-Miranda se prepara para insistirle en que piense en otra persona, porque a veces la realidad es tozuda. A las 20:30 horas de ese 28 de noviembre llega a la Zarzuela siguiendo la indicación del rey, pero no tiene oportunidad ni de planteárselo porque observa que «está completamente decidido». Es la mejor prueba de que el rey confía casi ciegamente en su viejo profesor. Como aquel día, un mes antes, en el que Fernández-Miranda estaba esperando a que el rey le recibiera y, de repente, la puerta se abrió abruptamente: don Juan Carlos entró corriendo perseguido por sus hijos pequeños. Tras situarse detrás de un Torcuato sorprendido por la situación, el rey le dijo al príncipe Felipe:

—Ahora ya no me pegas. Me defiende este señor[5].

El rey ha movido ficha un viernes por la tarde. El Consejo del Reino se reúne el lunes, 1 de diciembre. Quedan setenta y dos horas.

[5] Pilar y Alfonso Fernández-Miranda, *Lo que el Rey me ha pedido*, ob. cit., pág. 95.

15
El Consejo del Reino (I)

—Qué cosas me dicen sobre ti en el Consejo del Reino: Oriol, Girón.

El presidente del Tribunal Supremo, Valentín Silva Melero, llama a Torcuato Fernández-Miranda[1] y le advierte de que los pesos pesados del Consejo del Reino, del que él también es miembro, están instalados en el «cualquiera menos Torcuato». Ese es el contexto adverso en el que tiene lugar la operación del rey para nombrar a su profesor como presidente de las Cortes. ¿Será suficiente con la renuncia por carta que le ha pedido a Rodríguez de Valcárcel y con la presión que pueda ejercer un Arias Navarro encantado de que así se ratifique su continuidad en el Gobierno?

«Mi querido amigo», comienza la carta que Valcárcel escribe ese fin de semana en contra de su más íntima voluntad, pero en cumplimiento del compromiso adquirido con el rey de renunciar a su puesto como presidente de las Cortes y de los consejos del Reino y de la Regencia. Una misiva dirigida a los quince miembros del Consejo del Reino que tres días después están llamados a decidir la terna de candidatos para sustituirle:

---

[1] Pilar y Alfonso Fernández-Miranda, *Lo que el Rey me ha pedido,* Plaza & Janés, Barcelona, 1995, pág. 104.

> Yo quisiera pedirte que ningún peso de amistad cargue sobre tu decisión, que ha de estar sólo condicionada por la vocación de acertar que siempre has tenido y de la que seguramente será consecuencia fiel de la propuesta de tres nombres, ajenos al mío. No dudes de que yo siempre así lo entenderé.

La carta no es del todo clara y los consejeros pueden interpretarla según sus deseos:

> Dios me libre de que pudieras interpretar esta carta como un intento de injerencia o de consejo. Es un desahogo íntimo que hago en uso de amistad, en escrúpulo de conciencia y porque, seguro de la solidez de tus criterios, como hombre vulnerable a la amistad que soy, quiero intentar relevarte de toda posibilidad de influencia de esa amistad para que predomine, como no lo dudo, el sentido de lo justo.

Ninguna referencia al encargo del rey, una ambigüedad calculada para poder dar aún la batalla[2] y permanecer en el cargo.

¿Y Arias? Inicialmente ha cumplido su misión, por la cuenta que le trae, pero en la víspera cambia de opinión y pide a los consejeros que no voten a Fernández-Miranda: «Que dice el presidente Arias que no se vote a Torcuato», comentan los consejeros. ¿Por qué? Nadie lo sabe. Alejandro Fernández Sordo recibe una llamada para que traslade el nuevo deseo de Arias a las personas que controla en el Con-

[2] Victoria Prego, *Así se hizo la Transición,* Plaza & Janés, Barcelona, 1995, pág. 358.

sejo y les diga que hay que poner en la terna a tres vicepresidentes del Gobierno, pero decide mantenerse fiel al rey y a Torcuato.

Con lo que no cuentan ni Valcárcel ni Arias es con que el rey nunca se fio de ellos y decidió seguir haciendo gestiones. ¿Cuáles? Llamar directamente a las personas más influyentes del Consejo del Reino: Antonio María de Oriol y Urquijo, presidente del Consejo de Estado, y, sobre todo, a José Antonio Girón, el hombre que puso pie en pared contra ese tímido movimiento aperturista que representó «el espíritu del 12 de febrero», la voz del búnker. El rey lo cita el domingo a última hora y lo convence del cambio de cromos: Torcuato en las Cortes, Arias en el Gobierno.

Lunes 1 de diciembre. 16:30 horas. Comienza la que será la reunión más larga hasta la fecha de la historia del Consejo del Reino: casi siete horas que se dividen en una larga discusión inicial sobre si incluir o no a Valcárcel en las votaciones y los debates sobre cómo redactar el escrito de despedida. Torcuato Fernández-Miranda es incluido en la terna y lo es, contradicciones del destino, gracias a la autoridad del hombre fuerte del régimen. Al final, Girón de Velasco se siente más atado al compromiso adquirido con el rey que a su amistad y afinidad ideológica con Valcárcel.

A las doce menos cuarto de la noche, el presidente del Supremo llama por teléfono al domicilio de Fernández-Miranda: «Todo ha ido bien»[3]. A los cinco minutos vuelve a sonar. Es Girón, que pide un encuentro de inmediato.

---

[3] Pilar y Alfonso Fernández-Miranda, *Lo que el Rey me ha pedido*, ob. cit., págs. 111-112.

—Debe seguir Arias. Lo contrario sería borbonismo muy grave —le dice Girón a Torcuato en su casa a la mañana siguiente—. El rey no puede actuar como Franco. En Carlos Arias no hay un átomo de bien, pero ahora debe seguir.

Dos días después, Fernández-Miranda jura su cargo como presidente del Consejo del Reino, primero, y como presidente de las Cortes, después. En el palacio de la Carrera de San Jerónimo, pronuncia unas palabras. No habla de Francisco Franco, habla de su sucesor:

—El servicio a la patria y al rey son una empresa de esperanza y de futuro.

El rey ha jugado una partida de altísima política, y lo ha hecho en primera persona. El resultado ha sido un éxito porque tiene a una persona de su máxima confianza en un puesto clave. Han pasado once días desde su proclamación. Queda mucho por hacer y cada movimiento es una auténtica batalla. Controladas las Cortes, toca echar un ojo al Gobierno, aunque Arias Navarro seguirá al mando. Por eso, convoca a sus más estrechos colaboradores: el marqués de Mondéjar, Alfonso Armada y Fernández-Miranda. El monarca formula una única pregunta: «¿Debemos ratificar a Arias como presidente del Gobierno?».

Mondéjar y Armada responden afirmativamente. Torcuato sabe que sí, pero prefiere distanciarse de la decisión argumentando que ni tiene altas capacidades como gobernante ni una auténtica voluntad reformista. El presidente de las Cortes tiene muy presente la conversación con Girón de la víspera, y sabe que no ratificar a Arias es provocar al búnker. Además, está seguro de que no se puede pedir al Consejo del Reino que vote destituir a Arias cuando hace sólo unos días se le ha forzado a destituir a Rodríguez de Valcárcel.

Tomada la decisión, y ausente ya Fernández-Miranda de palacio, Armada se acerca al rey:

—¿Veis, Majestad, como Torcuato es vencible?

«Ya lo veremos a la larga —piensa silente el rey—. Este no conoce a Torcuato»[4].

---

4 Ibíd., pág. 117.

16
El primer Gobierno de la Monarquía

Cuando don Juan Carlos es proclamado rey, Carlos Arias Navarro ni siquiera se molesta en presentar su renuncia formal como presidente del Gobierno. Habría sido un acto de cortesía y decoro institucional, pero el jefe del Ejecutivo no sólo no lo entiende así, sino que piensa que él ha sido designado por Franco a comienzos de 1974 y por una duración de cinco años. Y quiere agotarlos.

El día 3 de diciembre, el rey le pide a Torcuato Fernández-Miranda que hable con Arias y le explique lo violento de la situación. Arias no se da por enterado y el día 4 el rey lo cita por la tarde en la Zarzuela. Unas horas antes, Fernández-Miranda le vuelve a visitar en la sede de la Presidencia del Gobierno y le pregunta:

—¿Por qué jugáis el rey y tú al ratón y al gato? ¿Hay dimisión o no?[1], le deja caer Torcuato.

—Yo estoy atornillado al sillón por la ley —afirma Arias en otro momento de la conversación[2].

---

[1] Pilar y Alfonso Fernández-Miranda, *Lo que el Rey me ha pedido,* Plaza & Janés, Barcelona, 1995, pág. 117.

[2] Joaquín Bardavío, *El dilema,* Strips Editores, Madrid, 1978, pág. 76.

El presidente de las Cortes le da las máximas garantías de que va a ser ratificado, pero le pide que haga el gesto de dimitir. Ya por la tarde, la conversación en persona con don Juan Carlos es breve y un tanto anómala: Arias presenta su dimisión, el rey la rechaza y le ratifica en el cargo; Arias le pide garantías de que agotará su mandato de cinco años y ahora es el rey quien no se da por enterado. No puede comprometerse a tal cosa.

A la mañana siguiente, cuando el rey llega a su despacho pregunta qué ha dicho la prensa sobre la ratificación del presidente del Gobierno. Sorpresa: la prensa no dice nada porque el Gobierno lo ha ocultado. Junto al rey está Fernández-Miranda:

—Le he confirmado y no ha dicho nada —afirma el rey.

—Pues conviene que lo diga[3].

Contrariado, el rey llama a Arias, que está reunido con el Consejo de Ministros. El presidente le quita toda importancia, dice que se le ha olvidado, pero que se ocupará de arreglar el malentendido. Al entrar de nuevo en la sala del Consejo, lo anuncia así: «Me ha llamado el rey para confirmarme en el cargo». Como si nada.

La decisión del rey se comunica en estos términos como parte de la información pública que distribuye el Gobierno sobre lo tratado en el Consejo de Ministros. Esta fórmula genera el enfado en la Zarzuela porque es una cuestión importante y porque Arias trata de dar a entender que la figura del rey es secundaria o, peor, irrelevante. El rey quiere transmitir que Arias sigue en el cargo porque él lo permite,

---

[3] Pilar y Alfonso Fernández-Miranda, *Lo que el Rey me ha pedido*, ob. cit., pág. 118.

no porque Franco le designara. No es lo mismo. Es un aspecto formal, pero al que en la Zarzuela se le da la máxima importancia, y la cerrazón de Arias es una nefasta forma de comenzar la nueva etapa en la que el jefe del Estado y el presidente del Gobierno tendrán que convivir.

Aun así, la verdadera batalla tiene lugar con la elección de un nuevo Gobierno, el primero de la monarquía, porque sí, los ministros sí le presentan su renuncia al presidente Arias y la mayoría de ellos lo hacen con la esperanza de continuar en el cargo. El rey hace ver a Arias que hay que cambiar buena parte del Gobierno y lo cita en la Zarzuela el día 6. Es una excelente oportunidad para enviar un mensaje a la opinión pública. Un mensaje de cambio.

La escena está llena de contenido político. Cuando Arias llega a ver al rey se encuentra en la sala a Fernández-Miranda. Empieza una negociación en la que el rey insiste en darle un buen meneo al Ejecutivo. Arias no se opone, aunque sí presenta resistencia con algunos nombres. Fernández-Miranda observa cómo el presidente del Gobierno deja que caigan ministros como si nada le importara, siempre y cuándo él siga en el cargo.

Lo esencial de este encuentro es, en primer lugar, que se elabora en la Zarzuela, no en la Castellana y, en segundo lugar, que el rey es quien toma el mando de la conversación y quien impone nombres relevantes con prestigio internacional: José María de Areilza, Manuel Fraga, Antonio Garrigues. Ante la escasa oposición de Arias, el rey pide a sus dos colaboradores que se reúnan ellos solos para ultimar el nuevo Gobierno.

El encuentro tiene lugar en la casa de Arias, La Chiripa, el lunes día 8. Fernández-Miranda llega con una estrategia clara: colocar a un hombre, uno solo, un ministro absolutamente de su confianza. Ese es Adolfo Suárez, un joven político de cuarenta y dos años que fue director general de Radio Televisión Española cuando Torcuato era ministro del Movimiento. En cambio, Arias quiere cargarse a otro Suárez, Fernando, ministro de Trabajo en los últimos nueve meses del franquismo y antiguo discípulo de Torcuato en la universidad, además de amigo personal, también en las discrepancias.

—¿Es que te ofrece duda Fernando? Yo creía, Carlos, que era para ti uno de tus colaboradores más leales y firmes.

—Sí, sí, sin duda. Pero tiene un carácter tan difícil. A los compañeros del Gobierno los trata con aspereza y es una fuente de tensiones y conflictos.

—Pero ¿qué me dices? ¿Es posible? Si yo creía que era una de tus grandes ayudas.

—Sí, sí, pero, por ejemplo, está hablando en el Consejo de Ministros y los otros ministros hablan entre sí, dos o tres, por ejemplo, y bajo, y él para de hablar, los mira y dice: «O hablan ustedes o hablo yo». Es muy difícil mantener a una persona así[4].

Torcuato se da cuenta de dos cosas: Arias no quiere negociar su Gobierno con él, como por otra parte es lógico, y quiere cargarse a Fernando Suárez, pero necesita una excusa para poder argumentársela al damnificado. De modo que Torcuato decide cambiar cromos: un Suárez por otro Suárez.

—¿Por qué no nombras secretario general del Movimiento a Adolfo Suárez?

---

[4] Ibíd., pág. 120.

—No es posible —responde—, ya me gustaría. Sabes que en efecto era mi candidato. Pero a (José) Solís le nombró el Caudillo. Me lo pidió expresamente. Sería muy feo prescindir de él ahora. Parecería un acto contra el Caudillo.

—Pero yo —contesta Torcuato— no te digo que prescindas de él.

—¿Qué quieres decir? —pregunta Arias.

—Da una larga cambiada.

—¿Una larga cambiada?

—Sí. Pepe Solís a Trabajo y Adolfo Suárez a la Secretaría General.

A Arias le hace gracia la expresión, que repite varias veces. «Una larga cambiada».

El 13 de diciembre, Arias presenta su nuevo Gobierno. Salta a la vista que está auspiciado por el rey y que cuenta con, al menos, dos facciones. Por eso, la prensa lo bautiza como el Gabinete Arias-Fraga.

Es verdad que Manuel Fraga, catedrático de Teoría del Estado, exministro de Información y Turismo y exembajador en Londres, es el hombre fuerte de ese Gobierno como vicepresidente político y ministro de la Gobernación, pero tampoco le va a la zaga José María de Areilza, ministro de Asuntos Exteriores, que previamente ha sido embajador en Francia, Estados Unidos y Argentina, y miembro del Consejo privado de don Juan. Dos nombres muy fuertes, con prestigio internacional y con sendos planes reformistas para el futuro de España. Ambos tienen ambiciones sucesorias: a Arias se le mueve la tierra bajo sus pies y el primer discurso que pronuncia no hace más que empeorar las cosas, porque cita tres veces a Franco y sólo hace una referencia al rey:

—Se nos llama, nos congregamos, para perseverar y continuar la gigantesca obra de Francisco Franco.

Arias está obsesionado con mantener la obra de Franco y su única prioridad es seguir al frente del Gobierno para cumplir unos supuestos deseos que el anterior jefe del Estado nunca expresó en público ni dejó por escrito en privado. Por eso Arias comete los errores que comete: los desplantes al rey, la aceptación de ministros con ideas que van en dirección contraria a su propósito y que además tienen mucho más peso político, y la incorporación en un puesto clave de Adolfo Suárez, una persona de la máxima confianza de Torcuato Fernández-Miranda, político que no suele mantener sus equipos y que los va adaptando a las necesidades de los cargos que va ocupando.

En ese momento, Carlos Arias Navarro aún no lo sabe, pero su Gobierno ha nacido cojo y en su Gabinete está su sucesor. El rey ha jugado bien sus bazas para, en un futuro no muy lejano, intentar sustituir al presidente. Es cuestión de tiempo.

El nuevo año llega con Arias Navarro explicando sus planes a la revista *Newsweek,* en conversación con el prestigioso periodista Arnaud de Borchgrave. Es 12 de enero. Arias se presenta como un conservador «al estilo clásico», no como un «derechista», y explica que está «abierto a todas las doctrinas, siempre que no sean comunistas». El presidente del Gobierno muestra su cara más amable y aperturista; incluso da por hecha la aparición en el juego político de los partidos, una de las líneas rojas del franquismo. También se atreve a poner fechas: «Primero habrá unas elecciones locales y regionales en las que los partidos irán adquiriendo experiencia en el proceso democrático. Esta primera fase estará terminada a finales de 1976. Entonces se hará el mismo proceso a nivel nacional que se espera se complete para finales de 1977... Es decir, dentro de dos años, usted podrá ver cuatro o cinco partidos políticos funcionando en una nueva democracia española».

El punto débil de Arias está en la aceptación del Partido Comunista y en su líder, Santiago Carrillo:

> Legalizar a los comunistas no es un criterio de libertad... Carrillo (líder comunista exiliado) se ha colocado repetidamente en el seno de una ideología internacional que le convierte en un instrumento de la subversión. Es el símbolo de un grupo que no intenta cerrar viejas heridas, sino, por el contrario, volverlas a abrir. Por tanto, Carrillo ha perdido todo derecho a la ciudadanía y protección españolas. La Guerra Civil me hizo darme cuenta de lo que es el comunismo y sus monstruosidades... No hay ningún ejemplo en todo el mundo de un Partido Comunista que haya demostrado con hechos, una vez alcanzado el poder, su respeto al juego democrático.

Ante las preguntas del periodista, Arias Navarro, que antes de presidente ha sido ministro de la Gobernación, defiende a la Policía española: «Puedo asegurar que, en casi ningún caso, por no decir nunca, la Policía española actúa con más o menos rigor que la americana, francesa o belga».

En el plano internacional, se muestra partidario de que España se integre en la OTAN como «un aliado natural», porque España tiene bases americanas en su territorio y porque «la supervivencia de la Europa occidental depende de la fuerza disuasoria de la OTAN y las bases son parte esencial de esa fuerza».

«Estamos muy bien dispuestos e impacientes con el ingreso de España como miembro de pleno derecho en las organizaciones europeas», dice Arias, antes de pronunciar la frase que lo resume todo con calculada ambigüedad: «Construiremos una democracia con características españolas». ¿Qué significa eso exactamente?

> Entrar en la línea política de la libre Europa sin renunciar a nuestras tradiciones. Ese es nuestro propósito declarado y me gustaría que nuestros vecinos fueran comprensivos y flexibles para que España, gradual y pragmáticamente, salve las diferencias, políticas y económicas, que todavía la separan del Mercado Común.

El presidente Arias quiere «una democracia a la española», signifique eso lo que signifique, y lo explica así: «Sufrimos el desastre de la Guerra Civil por obstinarnos en organizar nuestra vida política a imagen y semejanza de otros países occidentales con diferente tradición política. Eso no volverá a ocurrir».

A pesar de que Arias Navarro acude a una publicación internacional para presentar su cara más amable, y tal vez para contrarrestar el mayor prestigio fuera de España de Fraga y Areilza, y a pesar de que hace un enorme esfuerzo por presentarse como un líder abierto, al final demuestra que sigue siendo preso de su pasado y que lo que quiere para España no es una democracia equiparable a las del entorno democrático europeo. No. Él quiere una democracia «a la española».

En paralelo, y sin que Arias tenga ninguna constancia, el rey pone en marcha un movimiento discreto que implica una enmienda a la totalidad del proyecto Arias. Tan discreto que se va a llevar a cabo fuera de España.

17
Carrillo enseña los dientes

Miles de personas escuchan al orador:

—Hoy nuestro país está viviendo momentos cruciales. Muerto Franco ha sido coronado rey Juan Carlos I.

Gran abucheo en el público. El que habla, en italiano, es Santiago Carrillo, líder del Partido Comunista en el exilio. Está en Roma, en un gran acto de homenaje a Dolores Ibárruri, *La Pasionaria,* una de las figuras de la izquierda antifranquista española que ese mes de diciembre de 1975 cumple ochenta años.

—En una época en la que cada vez hay menos reyes y en la que el pueblo no acepta ya el cuento de que el rey lo es por la gracia de Dios, ningún demócrata podrá sorprenderse de que los españoles no acojamos precisamente con alegría a un rey impuesto por la gracia de Franco[1].

Grandes aplausos. No en vano, en el último mes, desde las órbitas comunistas se ha estado calentando el ambiente contra lo que representa el nuevo rey. «No a un rey impuesto», titula *Mundo Obrero,* la publicación de referencia de ese entorno ideológico. «Juan Carlos no es más que el representante del franquismo más allá de la tumba del dictador», ha-

---

[1] Victoria Prego, *Así se hizo la Transición,* Plaza & Janés, Barcelona, 1995, pág. 373.

bía dicho Carrillo en Atenas en noviembre. Y un mes antes, en octubre, en una entrevista con la periodista italiana Oriana Fallaci, una amenaza más directa: «Una huelga total que paralizará de improviso al país entero, de la fábrica a la universidad, del comercio a las comunicaciones. Una huelga total que bloquee todo el mecanismo del Estado y contra la que el régimen no podrá hacer nada. Todo deberá suceder en ese momento, todo. Y lo que estamos haciendo es crear las condiciones para ese momento»[2].

Así recibe la oposición los primeros movimientos del rey. Y no son sólo los más rupturistas encabezados por Santiago Carrillo, sino que también sectores más moderados se muestran decepcionados. En ese mes de diciembre en el que Arias Navarro es ratificado como presidente del Gobierno, el Consejo de Europa invita en París[3] a una representación de los partidos y movimientos de la oposición. Allí acuden, además del propio Carrillo, Felipe González, líder del PSOE; el liberal Joaquín Satrústegui, o los democristianos Joaquín Ruiz-Giménez y Fernando Álvarez de Miranda. Este último es miembro destacado del Grupo Tácito, colectivo de políticos, intelectuales y periodistas de carácter aperturista desde dentro del régimen. Ese grupo, que desde 1973 escribe artículos en prensa y trata de conformar una opinión pública favorable al cambio desde la moderación, cuenta en diciembre de 1975 con importantes miembros en la oposición y también con ministros, como Alfonso Osorio o Leopoldo Calvo-Sotelo. Ellos aún no lo saben, pero están llamados a ser esenciales para impulsar el proceso democrático en España. Desde dentro y desde fuera.

---

[2] Entrevista con Oriana Fallaci publicada en *L'Europeo* en octubre de 1975.

[3] Victoria Prego, *Así se hizo la Transición,* ob. cit., págs. 372-373.

El Consejo de Europa quiere saber las posibilidades reales de esta nueva etapa que se abre. En la respuesta de las distintas oposiciones anida el pesimismo: «Pero si Juan Carlos no ha podido ni siquiera nombrar a un presidente de Gobierno distinto al del último del general Franco. Esto parece que es la continuidad y lo que se requiere es que haya un cambio hacia la democracia».

De modo que al acabar 1975 y comenzar el nuevo año, el rey Juan Carlos I ha conseguido poner a la persona de su máxima confianza en la Presidencia de las Cortes y del Consejo del Reino, pero a cambio ha tenido que mantener al último presidente del Gobierno de Franco. Es una cesión grande para mantener tranquilo al búnker franquista, pero tiene un enorme coste para él porque da argumentos de peso a las distintas oposiciones.

Analizar los perfiles aperturistas y prestigiosos que se han incorporado a su primer Gobierno es hilar demasiado fino y, sólo con una mirada superficial, como la que muchas veces se hace desde ámbitos internacionales, se impone que don Juan Carlos está instalado en el continuismo. Esa opinión es la que apuntala la oposición y esa es la percepción que transmite Arias Navarro en su entrevista a *Newsweek*, donde, a pesar de mostrarse más aperturista de lo que en realidad es, no puede evitar revelar algunos dejes inmovilistas que le atan a quien inicialmente le nombró. No en vano, en su despacho en la sede de la Presidencia del Gobierno, en el palacete del paseo de la Castellana 3, el presidente tiene dos retratos: uno enorme de Franco con uniforme de capitán general sobre un caballete de pintor y uno de tamaño folio de Juan Carlos I. Ese contraste es la mejor muestra de la dimensión de sus lealtades.

18
El factor Ceaucescu

—Si un día necesita de mí, acuérdese de que puedo serle útil[1].

El día ha llegado. Estas son palabras de Nicolae Ceaucescu, el presidente de Rumanía, a don Juan Carlos de Borbón en octubre de 1971. El entonces príncipe de España viajó a la ciudad iraní de Persépolis. Fue invitado por el *sha* Reza Pahleví a participar en la fastuosa conmemoración de los dos mil quinientos años de la fundación del Imperio persa. Allí se conocieron, porque las enormes y lujosas tiendas de España y Rumanía estaban juntas.

Nicolae Ceaucescu era un líder importante en la órbita soviética. Además de haber sido anfitrión de dos presidentes norteamericanos, Richard Nixon y Gerald Ford, del canciller alemán Helmut Schmidt o del presidente francés Giscard d'Estaign, Ceaucescu mantenía una excelente relación con el Partido Comunista de España, al que financiaba. Es más: la radio del PCE emitía desde Bucarest y también la sostenía el líder comunista rumano[2].

---

[1] Victoria Prego, *Así se hizo la Transición*, Plaza & Janés, Barcelona, 1995, pág. 374.

[2] Ibíd., págs. 374-381.

Casi cinco años después, don Juan Carlos de Borbón cree que ha llegado el momento de aceptar aquella propuesta porque es la vía más segura para llegar a Carrillo. Es el momento de llamar a su hombre de confianza para este tipo de misiones: Manuel Prado y Colón de Carvajal, el mismo que había visitado a Kissinger y a Giscard para que le apoyaran en su proclamación como rey. Empieza la «Operación Ceaucescu».

—Manolo, debes ir a ver a Ceaucescu.

Y Manolo se pone a trabajar. Sin credenciales, sin dejar pruebas, sin nada más que su palabra para ocultar cualquier rastro. Si alguien en España se entera de que el rey está en contacto con Ceaucescu, es muy probable que el apodo que Santiago Carrillo le puso al monarca se haga realidad: Juanito el Breve.

Prado se mueve en ámbitos diplomáticos con gran habilidad, y pasado un tiempo consigue sentarse frente a frente con el presidente rumano. Falsos billetes de avión, viajes sin destino conocido ni duración predeterminada, intermediarios sin nombre y un hotel en Bucarest a la espera de que alguien le vaya a recoger. Hasta que llega el día:

—Yo sé muy bien quién es usted y aunque no tiene ninguna credencial le voy a dar la credibilidad de que viene en nombre del rey de España. Sepa usted que Rumanía y mi Gobierno vamos a apoyar el establecimiento de una república socialista para España. Yo veo muy mal el futuro del rey, a quien, efectivamente, conocí en Persépolis. Pero el pueblo español es ahora mismo como el agua gaseosa, que está contenida pero que cuando salte el tapón no va a haber quien lo pare. Además, este es un rey impuesto por Franco y todos sabemos que el franquismo sin Franco está destinado a morir. Por otra parte, si el rey pretendiera ir hacia una democracia, no podría porque el Ejército se enfrentaría a él.

El primer análisis cara a cara es poco optimista, pero el hecho de que esté sentado frente al enviado del rey significa que alguna opción hay.

—¿Cuáles son las intenciones del rey respecto al futuro de España? —pregunta Ceaucescu.

—Mire, el rey en este momento no tiene aún un programa definido, pero evidentemente tiene algunos conceptos claros. Entre esos conceptos está su convencimiento de que esta monarquía que ha sucedido al régimen de Franco es una monarquía singular porque no ha seguido el orden dinástico tradicional, pero el rey tiene el propósito decidido de que su primer objetivo sea devolver las libertades al pueblo, y sabe que esas libertades se devuelven únicamente a través de un sistema democrático, con la intervención de los correspondientes partidos políticos. En estos momentos el rey ha heredado los poderes de Franco y está en condiciones de hacer y deshacer como mejor convenga a los intereses del país. El rey desea construir la democracia buscando la reconciliación y no con un rompimiento del pasado, sino a través de la posibilidad de evolución política que proporcionan las leyes franquistas.

Más allá de responder a las preguntas que le formula tan relevante interlocutor, Prado no quiere que se le olvide su propósito, que tiene bien preparado:

—Señor presidente, este es mi mensaje: Su Majestad me ha pedido que venga a verle desde su convencimiento de que la democracia en España necesariamente debe construirse con la integración y la asistencia de todas las tendencias políticas del país. Y me pide que le transmita que, dada su amistad con Santiago Carrillo, el rey quisiera que le trasladara el convencimiento de que con agresividad y con intentos de hacer perder la credibilidad sobre las perspectivas futuras de desarrollo político de España, lo único que hará es ser obstructivo e impedir no sólo la adecuada evolución política del país, sino las posibilidades de su propio partido de integrarse en un proceso hacia la democracia.

El emisario explica a Ceaucescu que el rey no cree que España sea un país comunista, pero que, sin duda, si se queda fuera el PCE potenciará su fuerza contra el sistema. Por eso, le pide que transmita a Carrillo que va a hacer lo posible por legalizar su partido y que lo hará en un plazo indeterminado que puede alcanzar los dos años. A cambio de este ejercicio de paciencia y templanza, el rey solicita a Carrillo que cese en sus ataques al proceso reformista que se compromete a iniciar.

—¿Puede el rey dar garantías?

—No puede dar garantías. El rey poco a poco hará declaraciones públicas planteando un proyecto de futuro, pero nada más. Será a través de las leyes como se irán haciendo las modificaciones necesarias. El rey compromete su palabra de que su firme intención es esta que yo he tratado de trasladarle a usted.

—¿Estaría dispuesto el rey a recibir a un hombre mío allí, en Madrid? Yo le he recibido a usted sin un papel y ahora le pido que lo haga a la inversa. Mi enviado sí llevará una carta. Usted deberá establecer el contacto; mi gente volverá a verle y usted deberá luego acompañar a mi enlace, que será un secretario de Estado, con otra identidad, a ver al rey.

—Yo no le puedo decir que sí en este momento, porque sería irresponsable por mi parte. Es un riesgo mayor que el rey reciba allí a un enviado suyo que el que yo haya venido hasta aquí a verle a usted. Al fin y al cabo, yo vengo sin nada. Pero yo le haré llegar la respuesta por el camino más adecuado[3].

El movimiento que hace el rey ofrece varias claves: la primera es que tiene auténtica voluntad de legalizar el PCE como paso necesario para que se produzca una auténtica y completa reconciliación entre los españoles; la segunda es que su plan es radicalmente distinto e infinitamente más ambicioso que el programa de Gobierno presentado por Arias Navarro; la tercera es que Juan Carlos I está dispuesto a jugársela por llevar a España a una democracia, y la cuarta, y más importante: los tiempos los marca él. Y todo eso porque, en ese momento, el rey es un jefe del Estado con un poder casi absoluto que quiere entregárselo al pueblo español en el momento adecuado. Hasta entonces, el poder lo ostenta él.

---

[3] Declaraciones de Manuel Prado y Colón de Carvajal en *La Transición*, TVE, 1995. Recogido en Victoria Prego, *Así se hizo la Transición*, ob. cit., págs. 374-380.

19
PRIMEROS BACHES

El pleno de las Cortes se reúne por primera vez desde la proclamación del rey. Preside Torcuato Fernández-Miranda, que es absolutamente consciente de que no se encuentra en un sistema democrático, pero quiere empezar a darle a la institución las maneras de una Cámara que sí lo es. Algo está tramando a este respecto y por eso le ha ofrecido al presidente del Gobierno la posibilidad de convocar un pleno extraordinario para que presente su proyecto ante los procuradores, algo carente de sentido sólo unos meses antes. De modo que el 28 de enero está convocado el presidente del Ejecutivo para presentar el plan de acción del primer Ejecutivo de la monarquía. Aunque Arias no lo entienda, se trata de ir dando protagonismo a las Cortes.

Son las 11:30 horas de la mañana. El hemiciclo está a rebosar: todos los ministros, salvo Alfonso Osorio, que está de viaje en Estados Unidos, y la práctica totalidad de los 540 procuradores. Las tribunas de invitados, al completo. La expectación es máxima ante la posición que pueda fijar Arias Navarro: ¿será el discurso tímidamente aperturista que reflejó «el espíritu del 12 de febrero» y contra el que se levantó el régimen a través del «gironazo»? ¿Será el Arias nostálgico del franquismo que lloró ante las cámaras de televisión cuando anunció la muerte de Franco? ¿Será el Arias que se muestra aperturista en la revista *Newsweek?* ¿O el que dedicó más tiempo al entierro y funeral de Franco que a la proclamación del príncipe? ¿Qué Arias será esta vez?

El presidente del Gobierno toma la palabra restando importancia a declaraciones públicas previas y advirtiendo de que el plan real de su Gobierno es el que va a presentar en ese momento. Su primera referencia es a la «figura excepcional que ha entrado en uno de los capítulos más brillantes de la historia de España»:

—Partimos de unos elevados niveles alcanzados por sacrificadas generaciones, bajo la larga rectoría de Francisco Franco, Caudillo indiscutido e indiscutible de nuestro pueblo[1].

Situado unos metros por encima de Arias, el presidente de las Cortes no da crédito ante lo que está escuchando. «¿Cabe mayor ceguera de planteamiento?», se pregunta Fernández-Miranda[2]. «¿Y el rey, qué?»[3], masculla sorprendido por la desproporción entre las referencias a uno y a otro. Arias continúa contumaz en el uso de la palabra:

—Señores procuradores: como integrantes de la última legislatura de Franco, habéis recibido el alto honor de ser los albaceas de su memoria y el excepcional privilegio de hacer operativo el mandato expresado en su último mensaje, de forma que no pueda perderse en el recuerdo, sino que permanezca vivo en nuestro pueblo.

---

[1] *Informaciones,* 28 de enero de 1976.

[2] Pilar y Alfonso Fernández-Miranda, *Lo que el Rey me ha pedido,* Plaza & Janés, Barcelona, 1995, pág. 157.

[3] Idem.

La loa a Franco es total. Incluso reproduce una frase de su testamento que él mismo leyó entre lágrimas para todos los españoles el 20 de noviembre:

—Estoy absolutamente convencido de que todos vosotros, que no ignoráis que los enemigos de España están alerta, sabréis deponer en este empeño toda mira personal ante los supremos intereses de la patria.

El discurso es largo. Superados los elogios a Franco, el presidente insiste en que quiere ir a una democracia «a la española», una matización que no se puede entender, sino como un freno a la plena democratización del país y a diferencia de la entrevista en *Newsweek*, se olvida de mencionar a los «partidos». Como mucho «asociaciones» o «tendencias», pero no «partidos». Arias, echa el freno a las ambiciones reformistas:

—Rechazado el riesgo de una interpretación revisionista de la reforma, os corresponde la tarea de actualizar nuestras leyes e instituciones como Franco hubiera deseado, sincronizándolas con las exigencias de esta nueva etapa histórica.

El presidente vende un plan reformista, muy ambiguo y siempre con un pie, si no los dos, en El Pardo, en el pasado, en los deseos de Franco. Así, anuncia una rebaja en la edad de acceso a la Corona, una modificación de los artículos más represivos del Código Penal, una revisión de la legislación sobre terrorismo y la creación de dos cámaras especializadas y colegisladoras, así como un proyecto de ley sobre derechos de reunión y manifestación, entre otras cuestiones poco concretas en el ámbito fiscal, jurisdiccional o administrativo y la pretensión de recuperar Gibraltar o acercarse a la OTAN y a la UE.

El discurso de Arias es aplaudido en las Cortes por los sectores más ortodoxos e inmovilistas del régimen. Pero no gusta en la Zarzuela, ni a los ministros aperturistas, y es una auténtica decepción para amplios sectores de la sociedad y, en especial, para la oposición, no sólo la más radical, que lo da por imposible, sino para todo el sector que no forma parte del aparato del régimen.

A la mañana siguiente, el diario monárquico y conservador *ABC* titula en portada «Polémica acogida al discurso del presidente». Y en sus páginas interiores recoge críticas desde posiciones moderadas: «Cajón de sastre», dice Rafael Pérez Escolar, presidente de GODSA, una asociación partidaria de la legalización de los partidos políticos; «Ofrece menos que en el programa del 12 de febrero», afirma Enrique Barón, de Reconstrucción Socialista; «No ha estado a la altura», señala el *tácito* Juan Antonio Ortega Díaz-Ambrona[4].

El diario *Informaciones* también recoge la decepción de hombres fuertes de la oposición. Gregorio Peces-Barba, abogado del PSOE: «El discurso ha sido plenamente coherente con las posibilidades del señor Arias. Supongo que para muchas personas habrá sido una decepción, pero no para mí, porque no esperaba nada nuevo ni especial. Pienso que una persona que ha hecho una política autoritaria no puede hacer una política democrática». También opina el catedrático y político de izquierdas Enrique Tierno Galván (Partido Socialista Popular, PSP): «Ha sido un discurso decepcionante, yo esperaba poco, pero ha sido inferior a lo que podía supo-

[4] *ABC*, 29 de enero de 1976.

ner, incluso en lo que se refiere a una exposición poco brillante, con limitaciones estilísticas».

El discurso del presidente, además, evidencia la profunda fractura existente en el Gobierno. Tan es así, que el vicepresidente para Asuntos Políticos decide intervenir, y lo hace concediendo una entrevista al diario británico *The Times*. No en vano, Fraga ha sido embajador en la capital británica y mantiene buenos contactos. En su figura se concitan tres circunstancias que lo convierten en un hombre único: es catedrático de Teoría del Estado, y de él siempre se ha dicho que «tiene el Estado en la cabeza»; fue ministro de Información y Turismo entre 1962 y 1969, y su Ley de Prensa propició avances en el ámbito de la libertad de expresión y la aparición de nuevas publicaciones no estrictamente gubernamentales, y como embajador supo ganarse una reputación en el panorama internacional por su talante aperturista. Pero hay un elemento más: en los años setenta fue el dirigente del franquismo que más alzó la voz en aras de conseguir la legalización de las asociaciones políticas. Aquel fue un falso debate, porque Franco nunca las habría autorizado, pero sí es cierto que permitió posicionarse a la clase política franquista y Fraga aprovechó la ocasión para presentarse como el campeón nacional del aperturismo[5].

En este asunto, en los primeros años setenta se produjo un enfrentamiento al más alto nivel entre Fraga y Torcuato Fernández-Miranda, dos personas de trayectorias políticas paralelas, de máximo prestigio universitario y que compartían una convicción: después de Franco, la democracia.

[5] Juan Fernández-Miranda, *El guionista de la Transición*, Plaza & Janés, Barcelona, 2015, págs. 134-145.

Otra cuestión es que su discrepancia estuviera en el cómo transitar de un régimen a otro.

En su entrevista en *The Times,* Fraga habla como si fuera el presidente del Gobierno. Da por descontada la legalización de los partidos políticos, asegura que una de las dos cámaras legislativas será elegida por sufragio universal y anuncia elecciones generales para la primavera de 1977, así como un referéndum constitucional en 1976. Fraga se autoproclama como el hombre de la reforma del Gobierno Arias.

No han pasado dos meses de la formación del nuevo Ejecutivo y el vicepresidente para Asuntos Políticos decide pasar a la acción. Al día siguiente, 31 de enero, el mismo *ABC* que vio polémico el discurso de Arias, titula: «En quince meses elecciones generales por sufragio universal». Manuel Fraga Iribarne ha dado un golpe en la mesa, y lo ha hecho más allá de las fronteras españolas.

20
El plan Miranda (I): sin pérdidas de tiempo

—No es necesario que pierdan el tiempo aquí. Todo lo que tengamos que informar lo informaremos ampliamente[1].

Es 8 de enero de 1976. Pasadas las vacaciones navideñas, el presidente de las Cortes y del Consejo del Reino se dirige a los periodistas que le esperan en medio de una gran expectación. Son las cinco menos veinticinco minutos de la tarde cuando Torcuato Fernández-Miranda llega a la sala Mariana Pineda del Palacio de las Cortes. Allí le esperan quince consejeros del Reino para celebrar la primera reunión que dirigirá el nuevo presidente. Pero ¿a qué se debe tanta expectación mediática? ¿Y por qué Torcuato les dice que están perdiendo el tiempo? Todo tiene su porqué.

Durante el franquismo, cuando se reunía el Consejo del Reino era para cubrir una vacante relevante, de modo que siempre que había reunión acababa por haber noticia. Por eso los periodistas están en la puerta, especulando sobre qué institución sería la afectada en esta ocasión. Sin embargo, nada más lejos de la realidad. La reunión tiene dos objetivos: conectar a los consejeros con los planes del rey y preparar un guion para alejar, paulatinamente, a la prensa.

---

[1] *ABC,* 9 de enero de 1976. «Ayer se reunió el Consejo del Reino».

Dos días antes, el día de Reyes, Juan Carlos había recibido al Consejo del Reino en el Palacio Real. Allí, el nuevo presidente tomó la palabra, con la voluntad de involucrar esta institución en los planes del rey:

> El Consejo del Reino sabe, como Vuestra Majestad decía en el mensaje de la Corona, los profundos perfeccionamientos que el pueblo español exige. Su creciente participación eficaz y operativa en los órganos representativos y de Gobierno ha de hacerse con la más clara libertad de espíritu, con valor y riesgo, desde la profunda adhesión a la propia historia[2].

Todo, cada reunión, cada palabra, cada gesto, forma parte de un plan minuciosamente diseñado.

Al comienzo de 1976, y en la doble presidencia de las Cortes y del Consejo del Reino, Fernández-Miranda está donde quiere estar. Es consciente de que para llevar a cabo su plan reformista necesita un presidente de Gobierno a favor, y salta a la vista que Arias Navarro no lo es. Hace falta tiempo para que el rey pueda sustituirlo, pero en política conviene hacer de la necesidad virtud. Hay margen para preparar a las Cortes y al Consejo del Reino de manera que se pueda realizar su proyecto, pasar de la legalidad franquista a la legalidad democrática sin vulnerar la legalidad vigente: de la ley a la ley a través de la ley.

Por eso, cuando la prensa está en la puerta de la sala Mariana Pineda, en medio de una «gran expectación», como

---

[2] Pilar y Alfonso Fernández-Miranda, *Lo que el Rey me ha pedido,* Plaza & Janés, Barcelona, 1995, pág. 163.

tituló ese día el diario *Pueblo,* preguntándose cuál sería el punto principal en el orden del día, Fernández-Miranda les espeta que están perdiendo el tiempo. ¿Por qué?

La reunión «informativa» del Consejo se prolonga durante tres horas y cuarto, hasta las 19:50 horas, y en ella el presidente establece que desde ese momento en adelante las reuniones se celebrarían cada quince días, los jueves a las cinco de la tarde, en esa misma sala. Así, al tratar cuestiones ordinarias no relevantes, irían perdiendo valor informativo. Los periodistas dejarían de tener interés y desaparecería la expectación. ¿Para qué? Para que el día que haya que tomar una decisión importante no haya prensa ni oídos del búnker.

«Que no se sepa cuándo se reúne para cuestiones importantes», piensa el presidente mientras explica a los consejeros su voluntad de incrementar la regularidad de las reuniones. También les dice que el consejo debe ser un auténtico órgano asesor de la Corona y un respaldo a su voluntad. Dos meses después, será el rey en persona quien presidirá la reunión ordinaria y el que apuntalará la idea que ya les transmitió Fernández-Miranda:

—Os llamo, pues, a la responsabilidad, al ejercicio de vuestra función permanente, al estudio a fondo de vuestra misión, y os pido que estéis siempre en contacto con vuestro rey. Es así como podremos llevar a cabo las profundas reformas que el país necesita.

En la mañana del 9 de enero, el presidente de las Cortes y del Consejo del Reino consulta la prensa con satisfacción. «Tres horas y cuarto de reunión y *top secret*»[3]. El plan ha dado

---

[3] *Informaciones,* 9 de enero de 1976, pág. 5.

resultado y nadie ha caído en la cuenta de que el rey y su principal consejero están pensando ya en el día en el que el Consejo del Reino se tenga que reunir para elegir la terna de candidatos para sustituir a Carlos Arias Navarro. Aún es pronto, y el presidente del Gobierno no tiene ni la más remota idea, pero sus días están contados. Comienza la cuenta atrás. Y ese día no habrá periodistas «perdiendo el tiempo».

21

EL PLAN MIRANDA (II): DIVIDE Y VENCERÁS

Desde que el rey le ofreció ser presidente del Gobierno o de las Cortes, Torcuato Fernández-Miranda sabe que debía elegir la segunda opción por dos motivos: para poder influir en la elección del presidente del Gobierno que el rey seleccionase para liderar la reforma política (la elección del sucesor de Arias), y porque había que reformar a fondo el reglamento de las Cortes para que estas, llegado el momento, estuvieran en disposición de aprobar esa reforma.

Esta segunda cuestión consiste en llevar a la práctica una frase del jurista y sociólogo francés Maurice Hauriou (1856-1929) sobre la que él ha reflexionado mucho en su último libro académico[1]: «Sabemos que la civilización occidental no es un éxito debido al azar, sino un surco trazado en lo real». De lo que se trata es de ir trabajando un surco en lo real para dar cauce al plan reformista de Juan Carlos I.

El día que es nombrado presidente de las Cortes, el 3 de diciembre de 1975, Fernández-Miranda tiene claras tres cosas. Como buen catedrático de Derecho Político, sabe que para

[1] Torcuato Fernández-Miranda, *Estado y Constitución*, Espasa-Calpe, Madrid, 1975.

poder llevar a cabo un plan político hay que contar con los cauces adecuados; como experto en el sistema político franquista, sabe que las Cortes son una institución poco eficiente; y como viejo procurador en esas mismas Cortes desde 1954 (cuando fue nombrado rector de la Universidad de Oviedo y este cargo llevaba aparejado el otro), sabe que es un organismo anquilosado y controlado por los viejos rockeros del régimen.

Por todo ello, el mismo día que toma posesión se pone a trabajar y reúne a la Mesa de las Cortes, el órgano de gobierno interior de la Cámara: los dos vicepresidentes y los cuatro secretarios. ¿Para qué? Para ir involucrándolos poco a poco en el proyecto reformista del rey y para modificar el funcionamiento de la institución, empezando por su reglamento. Hay un punto de partida inequívoco: las Cortes de Franco están dominadas por los sectores más inmovilistas del régimen, donde sólo hay una voz, la del búnker. De modo que Fernández-Miranda establece un plan de reformas internas que pronto le generará problemas.

La primera medida se puede resumir en «divide y vencerás»: la creación de grupos parlamentarios. Dado que el búnker impone su voz, Fernández-Miranda quiere dar cauce a las distintas sensibilidades dentro del régimen, que existen. Y aquí entra en juego otra experiencia adquirida previamente: en 1969, cuando Fernández-Miranda había abandonado la política y daba clases en la Universidad Central, Franco lo nombró ministro del Movimiento. Torcuato aceptó y uno de sus más fieles discípulos, conocedor de sus ideas aperturistas, le preguntó:

—Pero, profesor, ¿cómo acepta ser ministro? Esto le puede marcar de por vida[2].

—Hay que ser ministro, aunque sea de Marina —respondió Fernández-Miranda, consciente del riesgo que asumía, pero perfectamente seguro de que eso le iba a proporcionar una posición de privilegio para servir a los planes reformistas del príncipe.

En esos años al frente del Movimiento, esa suerte de partido único del franquismo, Fernández-Miranda conoció a todos y cada uno de los dirigentes del régimen: desde los mentideros de Madrid hasta los jefes locales del último pueblo de España. Por eso, cuando ya es presidente de las Cortes y apuesta por la creación de los grupos parlamentarios, sabe que la idea será un éxito: en la élite política de Franco hay franquistas que lo quieren seguir siendo una vez muerto el dictador; pero también hay aperturistas, demócratas de verdad, demócratas por hacer, oportunistas e interesados en apuntarse a caballo ganador. Y Torcuato quiere dar salida a todas estas corrientes porque esa será la forma de acallar el incesante y unívoco mensaje de los inmovilistas: «Busco demostrar que estoy dispuesto a reconocer las tendencias y fundar el sentido del pluralismo asociativo en las Cortes. Quiero ver qué grupos hay y si son posibles; y quiero ver hasta dónde es útil para los fines de la reforma»[3]. El divide y vencerás.

Dos meses después, el 15 de febrero, la propuesta fructifica: Grupo Parlamentario de Defensa Nacional, Grupo

---

[2] Juan Fernández-Miranda, *El guionista de la Transición,* Plaza & Janés, Barcelona, 2015, pág. 126.

[3] Pilar y Alfonso Fernández-Miranda, *Lo que el Rey me ha pedido,* Plaza & Janés, Barcelona, 1995, pág. 201.

Parlamentario Independiente, Unión Democrática Española, Unión del Pueblo Español y Grupo Parlamentario Liberal. De repente, en las Cortes no hay una sola voz, sino cinco, un auténtico éxito para los planes del presidente de las Cortes y, por extensión, del rey. El búnker observa atento, y no le gusta lo que está viendo.

22
«El torcuatazo»

El presidente de las Cortes empieza a recibir cartas de queja de importantes tótems del régimen que le acusan de estar favoreciendo la reforma. El desencadenante no ha sido tanto la creación de grupos parlamentarios como la siguiente medida que decide tomar Fernández-Miranda.

Diluida la voz del búnker en cinco grupos, hay un segundo problema: cuando una iniciativa llega a las Cortes, no existen plazos para su tramitación, de forma que es posible que se quede dando vueltas *ad eternum* en la correspondiente comisión. Es uno de los riesgos que corre una reforma aperturista: caer en el olvido.

Por eso, Fernández-Miranda toma la decisión de establecer un «procedimiento de urgencia» para proyectos de ley que afecten a las Leyes Fundamentales. Cuando sea así, se fijará previamente un plazo límite para su tramitación, debate y votación, lo que significa ponerle un plazo al plan del rey y una fecha de cierre al sistema que Franco instauró en España.

Lejos de hacer caso omiso a las quejas, Fernández-Miranda decide afrontarlas con la máxima transparencia y la máxima naturalidad: convoca una reunión informativa para explicar a los procuradores los planes de la Presidencia de las Cortes.

La sala está repleta y los procuradores hablan amigablemente a la espera de que el presidente de las Cortes dé comienzo a la sesión, que es ampliamente seguida por la prensa. Para eso se ha convocado.

—Por expectación no queda —susurra el procurador y exministro Gregorio López-Bravo al oído del presidente instantes antes del comienzo de la sesión. Ambos presiden el acto.

—¿Eh? —responde Torcuato, incapaz de entenderle.

—Que por expectación no queda...

—No sé si es buena o mala —concluye Fernández-Miranda.

El presidente va a explicar que el procedimiento de urgencia persigue que las Cortes dispongan de un plazo máximo de veinticinco días para votar los proyectos de ley relevantes.

—Alguno de los señores procuradores que ha tenido la amabilidad de dirigirse a mí por escrito... afirmaba, no sé si con un concepto positivo o más bien de crítica, que en el fondo de este procedimiento de urgencia había una decisión política.

Pausa dramática. Fernández-Miranda levanta la mirada de sus notas y durante unos segundos observa fijamente a los procuradores antes de responderse a sí mismo:

—Evidentemente, sí —añade elevando el tono—: el procedimiento de urgencia solamente se justifica en la situación actual si se parte del concepto de que las Cortes quieren la reforma, están dispuestas a colaborar con el Gobierno en la reforma, pero no pretende de ninguna manera poder utilizar como obstrucción procedimientos inadecuados.

Fernández-Miranda acaba de involucrarse personalmente en la reforma, acaba de presentarla como propia y acaba de decirle a los procuradores que la Presidencia de las Cortes está a favor.

—¡No, no! —se oponen algunos procuradores.

—Sí, sí —interrumpen otros[1].

—Esos síes y noes —responde Fernández-Miranda, sosegado— pueden expresar estados emocionales contenidos, pero no son argumentos. Quienes no acepten el espíritu de la reforma, que lo digan con claridad[2].

La tesis contraria la lidera Raimundo Fernández Cuesta, tres veces ministro, expresidente del Consejo de Estado, embajador, procurador de 1943 a 1977 y secretario general de la Falange. Es una voz autorizadísima del búnker y se opone frontalmente a los planes del presidente, al que interpela: «No se ha limitado a interpretar el Reglamento, sino que ha introducido, con las normas de urgencia, una reforma sustancial».

Y así es. La reforma es sustancial y Fernández-Miranda está dispuesto a seguir adelante. Sabe que tiene oposición, pero también cuenta con respaldo. En los últimos días no sólo le han escrito procuradores críticos, sino que también ha recibido cartas de dos ministros importantes: Manuel Fraga y Adolfo Suárez. Además de con ellos, Fernández-Miranda se ha reunido con otros tres ministros: Garrigues, Solís y Osorio. Todos ellos han sido esenciales para despejar las dudas del presidente del Gobierno, que en algún momento había presionado para que se diera marcha atrás.

---

[1] *Informaciones,* 7 de mayo de 1976.

[2] *El País,* 7 de mayo de 1976.

—He decidido aceptar el procedimiento de urgencia; ya veremos para qué sirve. Los ministros dan su conformidad[3].

Los periódicos de la mañana siguiente califican su intervención de «colosal, brillante, ingeniosa, clara, polémica a veces, ilustrativa siempre»[4] y la bautizan como «el torcuatazo»[5]. Por primera vez le dan al presidente de las Cortes el beneficio de la duda y aplauden su defensa del plan: «Es sumamente significativo que quien haya pisado el acelerador en primer lugar haya sido ese profesor que cuenta con la más directa confianza del rey», explica el cronista de *Diario 16*.

En mayo de 1976, las Cortes están preparadas para la reforma. Fernández-Miranda tiene un plan, pero para ello aún hay que remover a Arias de la Presidencia del Gobierno. Cree firmemente que el desdén con el que el presidente trata a las Cortes es un «grave error» porque hay que involucrarlas en el proceso de reforma. Lo mismo que al Consejo del Reino. Despreciarlas, o no contar con las instituciones, «favorece la ruptura como única salida: hay que contar más que nunca con las Cortes, otra cosa es suicida»[6].

Sin embargo, el Gobierno Arias está dispuesto a llevar otro plan de reforma a las Cortes. Obviamente, el proyecto no es de Arias, sino de Fraga, que mientras Torcuato iba preparando a la Cámara ha ido elaborando su estrategia. Es la reforma Fraga y se va a debatir en las próximas semanas.

---

3 Pilar y Alfonso Fernández-Miranda, *Lo que el Rey me ha pedido,* Plaza & Janés, Barcelona, 1995, pág. 326.

4 *Informaciones,* portada del 9 de mayo de 1976.

5 *Diario 16,* portada del 9 de mayo de 1976.

6 Pilar y Alfonso Fernández-Miranda, *Lo que el Rey me ha pedido,* ob. cit.

23
La peluca de Carrillo

A las once de la mañana del 7 de febrero de 1976[1], en el control de aduanas del paso fronterizo de La Junquera, entre Francia y España, un agente de la Guardia Civil da el alto al coche en el que viaja de incógnito Santiago Carrillo. Le pide que se baje del vehículo, por lo que el líder del PCE pondrá sus pies en suelo español por primera vez en casi cuarenta años.

Hace unas semanas, a comienzos del nuevo año, el Secretariado del Partido Comunista se reunió en París para buscar una solución a un problema que ya se había planteado un mes atrás en el Comité Central del partido: Santiago Carrillo debía instalarse en Madrid. Tomada la decisión, sólo hacían falta tres cosas: un pasaporte falso, un disfraz y un chófer para cruzar a España por La Junquera.

De la peluca se encargó el peluquero de Pablo Picasso: será un pelo rizado y entrecano; del pasaporte, un comunista virtuoso de las falsificaciones llamado Domingo Malagón, que por arte de magia lo convierte en Raymond B., ciudadano francés y arquitecto; y el chófer será Teodulfo Lagune-

[1] Joaquín Bardavío, *Sábado Santo rojo,* Ediciones UVE, Madrid, 1980, págs. 23-33.

ro, buen amigo de Carrillo, no comunista y con un Mercedes blanco poco sospechoso.

—Teodulfo, si tú quieres, yo creo que con quien mejor puedo pasar es contigo. No estás obligado a decirme que sí. Tienes todo el derecho a negarte[2].

El día elegido es esa mañana del 7 de febrero en la que Carrillo, Lagunero y una mujer se bajan del coche. Dos kilómetros atrás el vehículo ha pasado el puesto fronterizo sin levantar sospechas. El alto del agente del control de aduanas despierta todos sus temores. Han recorrido los primeros metros por territorio español y piensan que lo peor ha pasado. Miedo.

Ya fuera del coche, Carrillo nota que empieza a soplar un fuerte viento, por lo que coloca la mano sobre la peluca, como mesándose el cabello. Si la peluca se desplaza, se levantarán todas las sospechas: el plan del Partido Comunista, pendiente de una ráfaga de viento.

El agente mira bajo los asientos, revisa el interior del techo y busca cualquier espacio que pueda ser utilizado para esconder algo. Empieza a parecer obvio que se trata de una inspección de contrabando, no de dirigentes clandestinos.

En ese momento, Lagunero y Carrillo observan cómo un camión se para a su lado para cumplir con los trámites aduaneros: Transportes Carrillo. La situación alcanza tintes surrealistas hasta que el agente zanja la cuestión: todo en orden. De nuevo en el vehículo, los tres pasajeros comentan la situación entre risas nerviosas. Es el momento de hacer una fotografía que dé testimonio de la presencia del

[2] Victoria Prego, *Así se hizo la Transición*, Plaza & Janés, Barcelona, 1995, pág. 399.

líder del Partido Comunista de España en territorio español, casi cuatro décadas después del final de la Guerra Civil. El lugar elegido es un cartel de Tráfico en el que se puede leer «Figueras 19, Gerona 57». Carrillo lleva traje oscuro, camisa blanca y corbata. Con la chaqueta abrochada y las manos en los bolsillos del pantalón, el líder clandestino mira a cámara y sonríe. Tiene sesenta y un años.

Carrillo quiere presentarse ante los españoles como un líder comunista que ha sabido evolucionar, porque aquel dirigente de la Segunda República que en los comienzos de la guerra asumió labores de seguridad ya queda lejos: su episodio más controvertido fue la participación en las matanzas de Paracuellos, el fusilamiento en masa de presos del bando nacional.

En febrero de 1976, Carrillo es otra persona, aunque su pasado le persigue y no es extraño que se le califique de «asesino». En ese momento él está pensando en publicar un libro sobre el «eurocomunismo», la traslación a la Europa continental de las doctrinas comunistas, que a su juicio son perfectamente compatibles con la democracia y con la libertad. Nada que ver con la intransigencia del comunismo soviético que él conoció bien en Moscú.

De modo que la comitiva continúa camino de Barcelona, donde tienen previsto parar a comer en el puerto antes de seguir ruta hacia Zaragoza. Allí harán noche para salir a la mañana siguiente hacia Madrid. Durante el trayecto, Carrillo siente la emoción de quien vuelve a pisar su país treinta y seis años después, desde 1939, con la única excepción de una incursión en el año 1946 para recoger en el valle de Arán a unas partidas de maquis que seguían luchando contra Franco.

Es 7 de febrero de 1976. Carrillo tiene un plan: dirigir el PCE desde la clandestinidad con el único objetivo de que su partido sea aceptado para caminar cuanto antes hacia su legalización. Una democracia real no puede excluir a los comunistas. El plan es ambicioso y Carrillo está dispuesto a enfrentarse al sistema, por eso ha entrado en España. Pero es consciente de que existen enormes riesgos y de que su detención e ingreso en prisión es una posibilidad cierta.

En ese momento, el presidente del Gobierno es Carlos Arias Navarro y el ministro de la Gobernación, además de vicepresidente, es Manuel Fraga. Pero lo que él teme no es que el Gobierno le localice, sino ser descubierto por «algún servicio no institucional»: al haber entrado en España con una identidad falsa, y no constar su salida de Francia, ¿a quién se podría atribuir su desaparición?

Por eso, se instala en un chalé en la zona más modesta del Viso, en la calle de Leizarán, con la única compañía de una señora que hará las labores del hogar. Hay teléfono, pero no se utiliza para llamar, y el número sólo lo tiene el propietario, que es su amigo Teodulfo Lagunero. Para los desplazamientos, un Seat 124 blanco con un chófer de la máxima confianza.

Las precauciones son máximas. Carrillo viaja a distintos lugares de España; incluso pasa unos días en Roma. Hasta que un mes después, exactamente el día de San José, 19 de marzo, decide acudir a una reunión clandestina del PCE con ciento cincuenta participantes. Nadie sabe que él está allí, pero a los asistentes se les informa de que alguien de excepcional importancia va a dirigirles la palabra. No pueden imaginarse de quién se trata. La consigna es que no haya ovaciones ni aplausos; los riesgos son grandes. Y aparece Carrillo, que les dirige un discurso entre el saludo y el mensaje político, y que siente que se emociona de verdad: está en España, rodeado por los suyos. El silencio obediente del público es el clamor de la adhesión incondicional.

Pero eso no es todo. Durante ese mismo mes realiza un viaje a dos países comunistas. La Yugoslavia de Tito y la Rumanía de Ceaucescu, que tiene que decirle algo. El presidente rumano le traslada el mensaje de don Juan Carlos y le muestra una nota: que su voluntad es ir a una democracia completa, pero que la legalización del PCE aún tiene muchas resistencias y necesita tiempo, tal vez un par de años.

La respuesta de Carrillo a Ceaucescu es un «no hay nada que hacer», porque el Partido Comunista de España «va a exigir nuestra legalización junto con la de los demás partidos», basándose en la idea indiscutible de que «no hay democracia en España si se nos excluye de la legalización»[3]. Aún así, el mensaje del presidente rumano sí hace pensar al líder comunista, que extrae una conclusión: el rey don Juan Carlos está dispuesto a caminar hacia la democracia, por lo que tal vez sea conveniente aflojar la crítica. Es más, sin ceder un ápice en sus exigencias de fondo y sin aflojar la presión en la calle, Carrillo toma la decisión de empezar a cultivar la imagen de un líder moderado que pueda ser aceptado en el tablero político en igualdad de condiciones.

Aparentemente, la estrategia del rey de acercarse a Carrillo no ha cambiado nada, pero lo ha cambiado todo: desde ese mes de marzo el Partido Comunista de España añade un adjetivo a su estrategia política para el futuro sin Franco: será una ruptura, sí, pero pactada. Esa palabra es clave.

---

[3] Ibíd., pág. 403.

24
La Platajunta: la unión hace la fuerza

Las izquierdas españolas se odian. Es un odio profundo que viene de antiguo, un odio heredado que anida en la derrota y que se ha cronificado en el exilio, lejos de casa. Se culpan mutuamente de la derrota en la Guerra Civil. El enfrentamiento entre comunistas y socialistas es una constante desde 1939. Tras casi treinta y seis años dándose la espalda, el 26 de marzo de 1976 algo cambia:

> La Junta Democrática de España (PCE) y la Plataforma de Convergencia Democrática (PSOE) han decidido en el día de hoy su disolución y la constitución simultánea de un solo órgano de la oposición denominado Coordinación Democrática, como medio indispensable de ofrecer a la sociedad española una real alternativa de poder ser capaz de transformar por vía pacífica el Estado actual en un Estado democrático.

Ese comunicado conjunto de las dos organizaciones que hasta ese momento se disputaban la oposición significa un salto cualitativo. La oposición se une en una sola organización que la opinión pública bautizará como «la Platajunta». Hace meses que dirigentes del PCE y del PSOE se reúnen para explorar esta posibilidad, hace años que Carrillo y Felipe González se han visto en dos ocasiones fuera de España, la última, en la víspera de la muerte de Franco. Para el joven líder socialista esos recelos tan profundos no son tan relevantes como para los viejos dirigentes de su partido, y al líder del PCE le conviene mostrarse como uno más para no ser el enemigo público número uno del franquismo, como de hecho aún lo es.

Ganan los dos, y la oposición envía un mensaje contundente a la sociedad española: la unión hace la fuerza.

> Los signatarios de Coalición Democrática declaran su profundo convencimiento de que todos ellos concurren a este acto con voluntad de superación de pasados enfrentamientos y de que acatarán el resultado del proceso constituyente, así como el de las elecciones democráticas correspondientes.

Superadas las divisiones históricas, que beben de la disputa por ser el partido hegemónico de la izquierda española, la Platajunta insiste en sus pretensiones políticas: la amnistía para todos, el regreso de los exiliados, el pleno ejercicio de las libertades políticas, el reconocimiento de la libertad sindical y el pleno ejercicio de los derechos y libertades de las distintas regiones de España. Por último, piden a todas las fuerzas democráticas y a la ciudadanía que participen en las movilizaciones pacíficas para romper con el franquismo, y rechazan de plano las iniciativas reformistas que está poniendo en marcha el Gobierno de Arias, con especial protagonismo de Manuel Fraga, el hombre fuerte de ese Gobierno fracturado.

Al vicepresidente no le gusta el nacimiento de la Platajunta por un sencillo motivo: blanquea el comunismo porque lo integra en una sola plataforma de oposición. Esto es un misil a la línea de flotación de su proyecto reformista, porque Fraga ha diseñado un plan para transitar a la democracia y está a punto de presentarlo en las Cortes para su aprobación.

Unas semanas antes, en febrero, mientras Carrillo pasa sus primeras semanas en Madrid, Fraga ofreció una rueda de prensa en la que señaló los límites de su proyecto aperturista:

—Salvo un Partido Comunista que quiere subvertirlo todo y utilizar las libertades para destruirlas, o los tradicionales anarquistas-terroristas, los demás, todos, pueden entrar en el juego político. En definitiva, son las mismas fuerzas políticas que hay en Europa las que pueden y deben entrar. Y van a ser, están siendo, seriamente invitadas a participar.

El vicepresidente presenta, así, su proyecto de Ley de Asociaciones, que va mucho más lejos de los límites de Arias, pero que no alcanza a cubrir las exigencias de la oposición más radical.

—Nosotros entendemos que tenemos una posibilidad seria de establecer una convivencia política entre los españoles, y creemos que forma parte de la obligación del Gobierno y del fin mismo de la ley el poner los límites necesarios para que esa convivencia sea real. Y lo vamos a hacer sin trampa ni cartón, como se verá. Pero desde luego, ni trampa ni cartón son las actitudes que definen la actitud del Partido Comunista.

En ese momento Fraga no lo sabe, pero cuando pone el foco en los comunistas está cavando la tumba de su gran proyecto aperturista, que se defenderá en las Cortes pocos meses después.

Y Fraga tiene otro problema: compatibilizar el cargo de vicepresidente de Asuntos Políticos, de perfil aperturista, con el de ministro de la Gobernación de Arias Navarro, es decir, ser el jefe de la Policía y responsable de la seguridad del Estado. Cuando se presenta la Platajunta, Fraga escribe a su compañero Areilza, ministro de Asuntos Exteriores: «Es intolerable que, después de ofrecerles un campo de juego con unas reglas fijadas con generosidad, salgan ahora con el Frente Popular. ¡Se acabó la tolerancia, se acabó el autorizar reuniones y congresos![1].

Tres días después del nacimiento de la Platajunta, el 29 de marzo, se convoca una rueda de prensa en el despacho del abogado Antonio García-Trevijano, importante referente opositor. Junto a él, comparecen representantes del PSOE, del PSP de Tierno Galván, de Comisiones Obreras, del Movimiento Comunista, del Partido del Trabajo. Repentinamente, irrumpe la Policía, que se los lleva detenidos a todos, pero que antes de su traslado a la cárcel de Carabanchel deja en libertad a los dos socialistas: Raúl Morodo y Luis Solana. Todo un mensaje: comunistas a prisión, socialistas en la calle. Es una excelente fotografía del plan Fraga.

El 2 de abril se reúne el Consejo de Ministros y se produce una discusión entre los dos referentes del aperturismo: Fraga y Areilza. El ministro de la Gobernación acusa a la Platajunta de tratar de hacer fracasar el empeño democratizador del Gobierno. El de Exteriores le responde que hay que tratar a la Platajunta «con una actitud táctica» y que es

[1] José María de Areilza, *Diario de un ministro de la monarquía,* Planeta, Barcelona, 1977, pág. 117.

«negociable» todo lo que reclaman[2]. Para Areilza, mantener en prisión a esos dirigentes políticos es un «disparate» que, además, da «muy mala imagen». Pero Fraga insiste:

—Hasta primeros de mayo, esos son míos y no los suelto.

La actitud de Fraga es cerril, y contrasta con algunos de los argumentos que la Platajunta expone en su nota fundacional:

> Coordinación Democrática invita a los sectores económicos, profesionales, culturales y de la Administración pública, así como a las instituciones eclesiástica, militar y judicial, a la apertura de un diálogo en aras de los superiores intereses patrios, que conduzcan a la realización de la alternativa pacífica aquí definida.

Conclusión: la izquierda se presenta amable y dialogante, y el hombre más aperturista del Gobierno, autoritario y antipático. Y ese es el contexto en el que las Cortes reciben el proyecto de Ley de Asociaciones de Manuel Fraga Iribarne, aunque Arias no permitirá que sea él quien lo defienda.

---

[2] Victoria Prego, *Así se hizo la Transición*, Plaza & Janés, Barcelona, 1995, pág. 427.

25

«Aquí ha habido una masacre. Cambio»

La Policía Armada recibe orden de desalojar la parroquia de San Francisco de Asís de Vitoria.

—Gasead la iglesia[1].

Es 3 de marzo de 1976 y son las cuatro y media de la tarde. En la España que hereda Juan Carlos I, el derecho de reunión no está reconocido. El único lugar donde se puede desarrollar una asamblea es en el interior de un templo. La parroquia está a rebosar y miles de trabajadores de las empresas afectadas —Forjas Alavesas y Mevosa, entre otras muchas— rodean la iglesia. La ciudad lleva varias semanas paralizada.

En la década de los años setenta, la conflictividad laboral en España aumenta sin cesar: los 616 conflictos de 1971 se multiplican por cinco hasta los 3.159 de 1975[2]. Es un fenómeno laboral, pero no exclusivamente; porque el PCE lleva tiempo alentándolo como principal herramienta para erosionar el franquismo y condicionar el futuro. Lo dice

---

1 Mariano Guindal, *El declive de los dioses,* Planeta, Barcelona, 2011, págs. 81-82; y *La noche negra de Vitoria,* Ediciones 99, Madrid, págs. 9-13.

2 José María Maravall, *Dictadura y disentimiento político,* Alfaguara, Madrid, 1978. Recogido por Victoria Prego, *Así se hizo la Transición,* Plaza & Janés, Barcelona, 1995, pág. 382.

Santiago Carrillo: «La huelga política es la única arma para presionar y para cambiar el sistema»[3].

El punto álgido del pulso al Gobierno se alcanza en enero de 1976, cuando se paralizan importantes servicios públicos: el Metro de Madrid, los taxis, Renfe, Correos o Telefónica. La izquierda busca concienciar a los trabajadores: desde el conflicto laboral hacia la ruptura. El objetivo es que se consiga la convocatoria de una huelga general que tumbe el régimen; pero hay que ir de lo particular a lo general y el primer paso es paralizar el Metro en la víspera de Reyes. Los trabajadores del turno de tarde no se presentan, lo que provoca el caos en toda la ciudad en un día especialmente señalado. El Gobierno es consciente del pulso y el día 7 de enero decide militarizar el servicio. Demuestra así que es capaz de mantener el buen funcionamiento de los servicios públicos, pero provoca una imagen insólita: soldados conduciendo los trenes y abriendo y cerrando las puertas mientras agentes de la Guardia Civil los protegen. Pocos días después también se militarizan Correos y Renfe.

Y después de Madrid, Cataluña, donde a finales de enero veinte mil ciudadanos marchan pacíficamente sobre Barcelona, y donde las huelgas se suceden todo el mes de febrero. La larga oleada de paros y movilizaciones atraviesa el país en los dos primeros meses del año, pero a finales de febrero el Gobierno ha conseguido reconducir la situación salvo en Vitoria, donde ese 3 de marzo, a las 16:50 de la tarde la situación está a punto de desbordarse.

[3] Victoria Prego, *Así se hizo la Transición*, ob. cit., pág. 382.

—Mándenos refuerzos. Si no, no hacemos nada. Si no, nos marchamos de aquí... si no, vamos a tener que emplear las armas de fuego.

Habla una patrulla desplegada en los alrededores de la iglesia. Responde un mando policial:

—Desalojen la iglesia como sea. Cambio.

—No podemos desalojar, porque entonces, entonces... ¡Está repleta de tíos! Repleta de tíos [...]. Vamos a tener que emplear las armas.

—Gasead la iglesia.

Son las cinco menos diez. Comienza la operación de desalojo. La iglesia está llena de gente y no dejan de llegar personas a los alrededores. Los agentes cercan el templo y rompen las ventanas para lanzar gases lacrimógenos. Cunde el caos. Por las puertas de la iglesia empiezan a salir personas para evitar asfixiarse. La Policía los espera. A sus espaldas, miles de manifestantes les lanzan piedras. Comienza la matanza.

—Manden fuerzas por aquí. Ya hemos disparado más de dos mil tiros.

—¿Cómo está por ahí el asunto?

—Te puedes figurar, después de disparar y romper la iglesia de San Francisco. Te puedes imaginar cómo está la calle y cómo está todo.

—Muchas gracias, ¿eh? Buen servicio.

—Dile a Salinas que hemos contribuido a la paliza más grande de la historia. Aquí ha habido una masacre. Cambio[4].

---

[4] Mariano Guindal, *El declive de los dioses,* ob. cit., págs. 81-82; y *La noche negra de Vitoria,* ob. cit., págs. 9-13.

Fallecen cinco personas[5] y decenas de heridos son trasladados a los hospitales. En poco tiempo la ciudad entera sabe que la iglesia ha sido atacada por la Policía y se produce una ola de indignación.

La noticia llega también a Madrid, donde el Gobierno está reunido para discutir el proyecto de Ley de Asociaciones Políticas, la reforma Fraga. Pero Fraga, que es el ministro de la Gobernación, está fuera de España. Se encuentra en Bonn vendiendo las bondades de su plan para llevar España a la democracia. En su ausencia, la responsabilidad recae sobre el ministro del Movimiento, Adolfo Suárez, que nada más enterarse de la noticia asume el control y decide enviar a un alto cargo de Seguridad a Vitoria.

—Hay que declarar el estado de excepción —dice el presidente Arias Navarro.

No tiene dudas de que el Gobierno debe contar con las máximas garantías para abordar unos sucesos que están fuera de control. Se oponen a ello los cuatro ministros concernidos: Suárez; Martín Villa, de Relaciones Sindicales; Alfonso Osorio, de la Presidencia, y José Solís, de Trabajo.

—En un proceso hacia la democracia como el que estamos, eso no entra[6].

Arias insiste, pero se queda solo.

---

[5] Pedro María Martínez Ocio, trabajador de Forjas Alavesas, de veintisiete años; Francisco Aznar Clemente, panadero y estudiante de diecisiete años; Romualdo Barroso Chaparro, trabajador de Agrator de diecinueve años, y José Castillo, de la empresa Basa, de treinta y dos años. Dos meses después fallece Bienvenido Pereda, empleado de Grupos Diferenciales, a los treinta años.

[6] Victoria Prego, *Así se hizo la Transición,* ob. cit., pág. 409.

Mientras Fraga sigue en Alemania y Suárez trata de calmar los ánimos y de recuperar el control, llega el viernes 5 de marzo. En Madrid se reúne el Consejo de Ministros y en Vitoria se celebra el funeral por los fallecidos. La ciudad entera se echa a la calle. Los alrededores de la catedral están rodeados por una multitud que acompaña los féretros de los jóvenes fallecidos, pero no puede verse ningún agente de uniforme. Mientras se celebra la ceremonia los asistentes depositan ramos de flores. La emoción es máxima y la incomprensión sobre lo sucedido, absoluta. El obispo de Vitoria, monseñor Peralta, oficia la misa acompañado por ochenta sacerdotes de la ciudad. Toma la palabra el párroco de la iglesia de San Francisco de Asís:

—Resulta difícil aprobar el hecho de que la fuerza pública penetre violentamente en uno de nuestros templos [...]. No es lícito matar. No es lícito matar así.

El templo, con capacidad para ocho mil personas de pie, es un clamor. Lágrimas, llantos desconsolados, aplausos. Toma la palabra el líder sindical que ha capitaneado las movilizaciones y protestas laborales en Vitoria durante los últimos dos meses. Se llama Jesús Fernández Naves, y es un sacerdote que colgó los hábitos. El 3 de marzo fue testigo presencial de la masacre, así que decide comenzar uniéndose al homenaje a los fallecidos.

—Son hermanos nuestros. Estos muertos son nuestros, de todo el pueblo de Vitoria[7].

Pero Fernández Naves no se queda ahí. Es un líder de los trabajadores y está dispuesto a enviar un mensaje al Gobierno:

---

[7] Ibíd., págs. 410-411.

—Desde aquí hacemos un llamamiento a todos los trabajadores y a todo el pueblo de Vitoria. La huelga debe continuar y nos debemos unir a la huelga general convocada para el lunes en todo el País Vasco.

Fernández Naves y un trabajador de Forjas Alavesas, Tomás Echave, han sido los agitadores de las movilizaciones en Vitoria, pero ellos no responden ante Comisiones Obreras, ni ante la todavía poco relevante Unión General de Trabajadores (UGT). Quien está detrás es la izquierda *abertzale*, que busca reventar el sistema para llevar el País Vasco a la independencia y al socialismo. Es una diferencia sustancial con las movilizaciones del resto de España, incluida Cataluña.

Tras el funeral, el pueblo de Vitoria traslada a hombros los féretros hasta el cementerio. Y tras dos meses de ebullición social y setenta y dos horas de dolor, llega la calma, con la consiguiente tranquilidad para el Gobierno.

Al día siguiente, Fraga regresa a España y decide viajar a Vitoria para acompañar a los heridos. Junto al ministro Martín Villa acude al hospital, donde son recibidos con desprecio y con insultos, hasta que uno de los familiares de los heridos pronuncia una frase que los ministros no olvidarán jamás:

—¿Qué venís, a rematarlos?[8].

Políticamente, los sucesos de Vitoria suponen un desgaste importante para Fraga y un espaldarazo para Adolfo Suárez. En la Zarzuela gusta que este y otros ministros aperturistas se hayan opuesto al estado de excepción, tal y como

[8] Testimonio de Rodolfo Martín Villa al autor.

sucedió en 1973 tras el atentado que acabó con la vida de Luis Carrero Blanco. En la España que quiere Juan Carlos I no tiene cabida la violencia política, pero, muy a su pesar, los equilibrios políticos y sociales que necesita para llevar a cabo su proyecto reformista están seriamente amenazados por la mayor de las violencias: el terrorismo.

26
La reforma Fraga

«El Gobierno parece querer lanzarse al baño de la democracia sin mojarse»[1]. La prensa alemana no es muy receptiva a las auténticas pretensiones de Carlos Arias Navarro y Manuel Fraga. No obstante, el análisis periodístico pone el acento en una cuestión que es obvia en una democracia, pero que, sin embargo, se convierte en la clave de lo que está pasando en España y de lo que pueda suceder en el futuro más inmediato: la auténtica voluntad del Gobierno. O, dicho de otro modo, sin un presidente que impulse decididamente una reforma no hay nada que hacer.

Por esa falta de interés real, en el tardofranquismo fracasaron todos los impulsos aperturistas vinculados a lo que entonces se llamó el «asociacionismo», que no era más que empezar a abrir la mano a la capacidad de que más de dos personas conformaran un grupo con las mismas posiciones ideológicas. Especial mención merece «el espíritu del 12 de febrero» de 1974, pues con Franco en El Pardo e impulsado por el presidente Arias, no era más que un trampantojo, una falsa ilusión.

---

[1] *Frankfurter Allgemeine Zeitung,* citado en *ABC* el 31 de enero de 1976.

En el primer semestre de 1976, con el dictador muerto y el rey proclamado, desde el poder se están fraguando en paralelo dos proyectos de reforma. Uno es el plan Fernández-Miranda, del que la opinión pública sabe muy poco porque se está construyendo con la mayor de las discreciones. El otro es el modelo que está impulsando el vicepresidente Manuel Fraga con luz y taquígrafos, y con especial sensibilidad a la aprobación internacional. Por eso, cuando Arias presentó su programa ante las Cortes, Fraga decidió desdecirle en el *Times* de Londres; por eso, cuando estallaron los sucesos de Vitoria, Fraga estaba en Bonn explicando las bondades de su reforma y tardó varios días en regresar.

Lo que en ese semestre nadie sabe, o casi nadie, es que esos dos proyectos sólo tienen dos cosas en común: que los impulsan dos catedráticos que han sido ministros de Franco y que, desde convicciones democráticas ciertas, ambos desean que España se abra al mundo. En todo lo demás son radicalmente distintos, en el fondo, en la forma y en el alcance. La pregunta es: ¿cuál de los dos tiene más posibilidades de convertirse en realidad?

En ese primer trimestre de 1976 no es fácil responder a esa pregunta, pero lo que es seguro es que quien quiera llevar a cabo un plan de reforma respetando la legalidad vigente debe contar con la aprobación y el impulso del Gobierno, lo que sitúa en primera posición al proyecto de Fraga, aunque se trate de una idea del vicepresidente que no acaba de gustar al presidente.

El otro, el de Fernández-Miranda, se está fraguando en las Cortes, pero no verá la luz si no cuenta con el impulso del Ejecutivo, y esto es una pretensión de color azul oscuro, casi negro. Fernández-Miranda trabaja para que las Cortes estén preparadas y persuadidas, pero sabe perfectamente que su proyecto necesita de otro presidente del Gobierno distinto a Arias. También lo sabe el rey.

Así que es el turno de Fraga, que establece un desmontaje del régimen franquista desde el Gobierno, a través de las Cortes y poco a poco. El primer paso tuvo lugar el 25 de mayo, cuando se aprobó su proyecto de ley de manifestación y reunión, que implicaba un cambio significativo. El segundo paso, y más importante, llegará en el mes de junio, en un pleno que se celebra los días 8 y 9. Se trataba del proyecto de Ley de Asociaciones Políticas. Un mes antes, el propio Fraga se lo explicó a la prensa:

> Cuando se apruebe la Ley de Asociaciones, que está en las Cortes, y una vez sancionado también el proyecto de reforma de las Cortes, las asociaciones, o partidos, como usted quiera llamarles, entrarán en la composición del Parlamento[2].

El plato fuerte llega en la segunda jornada de ese pleno de dos días, tanto por la mañana como por la tarde. A las 10:05 horas toma la palabra el presidente, Torcuato Fernández-Miranda:

—En nombre del Gobierno, tiene la palabra el señor procurador y ministro don Adolfo Suárez.

Es el momento cumbre de Fraga, pero, curiosamente, el presidente Arias no ha querido que el proyecto sea defendido por su vicepresidente e impulsor, y le entrega el principal papel a Adolfo Suárez. Él es el encargado de cerrar la defensa del proyecto en nombre del Gobierno y lo hace por ca-

---

[2] *ABC*, 8 de mayo de 1976.

sualidad. Inicialmente, Arias había pensado en Alfonso Osorio, ministro de la Presidencia, pero este declinó y sugirió que fuera el ministro secretario general del Movimiento. Arias lo autorizó y Suárez aceptó encantado. El discurso ante las Cortes franquistas causa sensación desde la primera frase:

—Señor presidente, señores procuradores, ayer se recordaba en esta Cámara que hace menos de una semana, Su Majestad el Rey definía el horizonte de nuestra convivencia como una monarquía democrática, en cuyas instituciones habrá un lugar holgado para cada español.

El orador hace referencia al rey desde el comienzo, pero las diferencias de Suárez y Arias no sólo están en el fondo. El lenguaje, el tono y la imagen son distintas. Adolfo Suárez forma parte de una nueva generación y eso se nota en su expresión.

—El Gobierno, gestor legítimo en este momento histórico, tiene la responsabilidad de poner en marcha los mecanismos necesarios para la consolidación definitiva de una democracia moderna.

El ministro traza una línea que empieza con la «nueva etapa» que se abre con la muerte de Franco y la proclamación de Juan Carlos I, continúa con la reciente aprobación de las leyes de reunión y manifestación, y se cierra ese día con el reconocimiento por ley de los partidos políticos. Por eso hace una apelación directa a los procuradores que esa misma mañana serán llamados a votar:

—El pluralismo, señores procuradores, no es una invención de este momento histórico, ni este Gobierno tropezó con él como el que tropieza con algo artificial. Por el contrario, el propio Estado al que servimos nació siendo plural. Y muchos de los hombres que estáis aquí, habéis comprendido la necesidad de crear un ordenamiento nuevo para la diversidad de opciones en tiempos muy anteriores a los actuales.

Adolfo Suárez está desmontando la esencia misma del régimen de Franco, levantado sobre la negación de los partidos políticos. Y lo está haciendo como secretario general del Movimiento, la organización que tiene el monopolio de la representación política. Es necesaria la pedagogía, no sólo para los procuradores, también para la sociedad, cuya diversidad Suárez reconoce desde la tribuna de las Cortes

—Si contemplamos la realidad nacional con una mínima sinceridad, hemos de convenir en que, además de este pluralismo teórico, existen ya fuerzas organizadas. Nos empeñaríamos en una ceguera absurda si nos negásemos a verlo. Esas fuerzas, llámense o no partidos, existen como hecho público. Se ven en los medios de comunicación, están presentes en los niveles intelectuales y en la base trabajadora, e influyen incluso en las organizaciones más típicamente profesionales.

Por ello, va concluyendo, conviene no sólo reconocerlas, sino legalizarlas: «Si el camino no se abre desde la legalidad, lo que se está propiciando desde el mismo Estado es una paz sólo aparente, bajo la que anida el germen de la subversión».

—¿Por qué nos hemos de encerrar en la búsqueda de la uniformidad?

Suárez está defendiendo la democracia y la concordia. Se dirige al 70% de españoles «que no conocieron más que la paz», no sólo al 30% restante que combatió en la guerra, aunque probablemente en ese hemiciclo los porcentajes sean los inversos. Y a estos trata de embaucarlos con un argumento innovador:

—Pensar, a la altura de 1976, que la eficacia transformadora del sistema no ha sido capaz de fundar sólidas bases para acceder a las libertades públicas es, señorías, tanto como menospreciar la gigantesca obra de ese español irrepetible al que siempre deberemos homenajes de gratitud y que se llamaba Francisco Franco.

El hemiciclo rompe en aplausos. Y Suárez sigue hablando en un lenguaje distinto, actual, moderno.

—Nuestro pueblo, que al principio de su obra de Gobierno pedía simplemente pan, pide hoy calidad en el consumo. Y de la misma forma que entonces pedía orden para poder reconstruirse, hoy su lenguaje es el de la libertad. Y entre las libertades que solicita, figura, y en lugar muy destacado, la de asociación política.

Adolfo Suárez está pronunciando un discurso para la historia. Su naturalidad y su oratoria están sorprendiendo favorablemente al presidente de las Cortes y a buena parte de sus compañeros del Gobierno. Si su papel sobrevenido en la crisis de Vitoria le permitió presentarse como un buen gestor, el discurso en defensa de la Ley Fraga lo presenta ante la clase política y ante los españoles como un magnífico orador. No está defendiendo el proyecto de Ley de Asociaciones, o no sólo, sino que está defendiendo la democracia y el futuro, está apelando a la mayoría de los españoles y está protagonizando un salto de una generación, si no de dos.

Es el discurso político más importante en décadas. Tanto, que se deja las dos últimas pinceladas para el final:

—A todo eso os invito. Vamos, sencillamente, a quitarle dramatismo a nuestra política. Vamos a elevar a la categoría política de normal lo que a nivel de la calle es simplemente normal. Vamos a sentar las bases de un entendimiento duradero bajo el imperio de la ley.

Adolfo Suárez es un político audaz, y la audacia es una mezcla serena de valentía y de locura. Por eso, desde la tribuna de unas Cortes españolas que formalmente aún son franquistas, decide finalizar su discurso apelando a uno de los referentes del exilio republicano durante la Guerra Civil: Antonio Machado.

—Y permitidme, para terminar, que recuerde los versos de un gran autor español:

Está el hoy abierto al mañana.
Mañana, al infinito.
Hombres de España
ni el pasado ha muerto,
ni está el mañana, ni el ayer escrito.

—He dicho.

El hemiciclo estalla en grandes y prolongados aplausos. Ese es Adolfo Suárez, que, aunque él no lo sabe, está llamado a grandes tareas en un futuro cercano. Es hombre ambicioso, pero aún es pronto para él. Toma la palabra el presidente de las Cortes:

—Se procede, pues, a la votación nominal del proyecto. De acuerdo con el artículo 58, los que aprueben el proyecto contestarán «sí»; los que lo rechacen, «no»; y los que deseen abstenerse harán constar su voluntad de abstención. Procédase.

El resultado es apabullante: 338 síes, 91 noes y 25 abstenciones. El hemiciclo rompe en aplausos: el Proyecto de

Ley Reguladora del Derecho de Asociación Política ha sido aprobado después de un debate rápido de un día y medio por el procedimiento de urgencia.

¿Quiere esto decir que treinta y seis años después de la victoria franquista en la Guerra Civil los españoles pueden volver a constituir asociaciones políticas? Teóricamente sí, y este es un éxito de Fraga al que Suárez ha sacado gran rédito en términos de proyección pública. Pero, en la práctica, la respuesta es no. ¿Por qué? La respuesta llegará después de comer, también en las Cortes.

—La sesión continuará esta tarde a las cinco y quince minutos —anuncia Fernández-Miranda.

El proyecto Fraga está amenazado. Muy amenazado.

27
El Código Penal

La sesión en las Cortes se reanuda a las cinco y veinticinco minutos de la tarde. Algo se ha torcido en el ambiente y llega a la Carrera de San Jerónimo una noticia que no contribuye a calmar los ánimos: la banda terrorista ETA ha asesinado al jefe local del Movimiento en Basauri, Luis Carlos Albó. Tal vez no sea el mejor momento para buscar el apoyo de los procuradores. Habla el presidente:

—Se abre debate, en trámite de urgencia, sobre el proyecto de ley de modificación de determinados artículos del Código Penal relativos a los derechos de reunión, asociación, expresión de las ideas y libertad de trabajo.

A pesar de que la recién aprobada Ley de Asociaciones legaliza los partidos políticos, en esos momentos aún están expresamente prohibidos por el Código Penal, y su constitución aún es delito. El Gobierno quiere modificar un par de artículos para permitir que la Ley de Asociaciones pueda ponerse en marcha y dé paso al pluralismo. Tiene la palabra el ministro de Justicia, el aperturista Antonio Garrigues, que nada más subirse a la tribuna no duda en afirmar que «lo que estamos haciendo es un hito en la historia de España». El orador defiende el plan Fraga y trata de trasladar a los procuradores la presión de encontrarse ante un juicio muy severo, el de la eternidad:

—Los profetas de desventuras auguraban que someter los proyectos de reforma a las instituciones políticas que deben precisamente ser reformadas era locura o necedad. Se ha demostrado, por el contrario, que los hombres que han servido lealmente al régimen estaban sirviendo lealmente a España, a la que siguen sirviendo ahora con la misma lealtad, asumiendo y colaborando con los proyectos de reforma que el cambio de los tiempos y de las circunstancias, así como la madurez política de los españoles, hace necesario.

Garrigues defiende, así, el plan Fraga que plantea la aprobación de reformas una a una para abrir los engranajes de la legalidad franquista: primero, reconocer los derechos de manifestación y reunión; después, legalizar las asociaciones y, en tercer lugar, modificar el Código Penal para despenalizar los partidos políticos. Desde el punto de vista de los trámites, el plan se está beneficiando del procedimiento de urgencia, que se muestra muy eficaz. Fraga ha pisado el acelerador y en apenas dos semanas su propuesta ha dado un salto significativo.

Garrigues argumenta que «el pueblo español no puede ser, en política, un eterno menor de edad». Eso sí, advierte, «el ejercicio de la libertad y de la democracia exigirá un gran esfuerzo, un gran sentido de la responsabilidad, una severa autodisciplina y un poder fuerte, legitimado por una indiscutible autoridad».

Pero algo va mal. El procurador Rafael Díaz Llanos, del sector más inmovilista, toma la palabra. No está nada satisfecho con la redacción que ha defendido Garrigues para el nuevo Código Penal. Habla de «desconcierto» y «desconsuelo» y denuncia la «falta de elemental claridad». Se refiere a una frase concreta, la que hace referencia a que no serán legales los partidos «que se propongan la implantación de un régimen totalitario». Hay un elefante en el hemiciclo del que nadie habla, pero está en el ambiente: el comunismo. A Díaz Llanos, y a muchos otros procuradores, les molesta que no se cite expresamente al principal adversario político de Franco y que no se aclare lo que deba entenderse por «régimen totalitario»:

—¿Qué es lo que han querido incluir o definir como delito? ¿El comunismo? Y si es así, ¿por qué no se dice claro, tanto para evitar confusión a los tribunales de justicia, como para demostrar que las «palabras» se convierten en «realidad»? ¿Es que se tiene precaución a lo que puedan opinar en el extranjero?

El procurador desconfía de las intenciones del Gobierno y cree que se está tratando de permitir la entrada de los comunistas, algo por lo que una parte relevante de las Cortes no está dispuesta a pasar.

—Y si no es ese el fin pretendido, ¿por qué sembrar la duda y no poner una definición precisa? ¡Pero no cambiemos el diccionario! Llamemos al pan, pan y al vino, vino.

Los inmovilistas lanzan un órdago:

—El mejor camino para los procuradores, para las Cortes y para la ley es que se devuelva a la Comisión de Justicia para su estudio técnico.

El presidente de las Cortes anuncia un receso. En su despacho, se reúne con el Gobierno. Existe un riesgo cierto de que las Cortes ganen la votación y tumben la reforma. El presidente Arias dice que hay que seguir adelante y someter el proyecto a votación[1]. Areilza está de acuerdo, y también

[1] José María de Areilza, *Diario de un ministro de la monarquía,* Planeta, Barcelona, 1977, pág. 198.

Fraga, convencido de que con un Gobierno decidido se puede ganar[2]. El problema es que hay una evidente división: Suárez, Osorio, Garrigues y Martín Villa dudan si seguir adelante.

La cuestión que se está debatiendo en el despacho del presidente de las Cortes no es menor, y puede tener muy mala salida para el Gobierno. Existen tres opciones: ganar la votación, perderla o retirarse a tiempo para evitar la derrota. La primera opción parece lejana, porque el búnker está envalentonado después del debate. Las otras dos tienen un significado similar: la muerte del proyecto Fraga y, por extensión, del Gobierno.

Reanudada la sesión a ultimísima hora de la tarde, el ministro de Justicia vuelve a la tribuna para anunciar la decisión del Gobierno:

—Señor presidente, el Gobierno acepta la propuesta de la ponencia para que el proyecto pase a la Comisión (de Justicia).

El Ejecutivo da un paso atrás. El proyecto de Manuel Fraga acaba de fracasar, a pesar de que ha recorrido un largo camino hacia el aperturismo. El error es cómo se ha planteado: el diseño de un tránsito desde el régimen de Franco hacia un sistema democrático votación a votación, paso a paso, es dar demasiadas oportunidades al búnker, y eso que a Fraga le han beneficiado enormemente las reformas que Fernández-Miranda introdujo en las Cortes para acelerar los trámites. Sin el procedimiento de urgencia, este modelo se habría eternizado, paso a paso, votación a votación. El búnker tragó con los derechos de reunión y manifestación, incluso tragó con

[2] Victoria Prego, *Así se hizo la Transición,* Plaza & Janés, Barcelona, 1995, pág. 481.

el asociacionismo, pero no admitió las ambigüedades respecto a una posible legalización del comunismo por la puerta de atrás.

En estos nuevos tiempos ha nacido un nuevo periódico. *El País* surge para liderar a los nuevos medios de comunicación comprometidos con la democracia. El titular de portada del 10 de junio de 1976 recoge una frustración: «Los partidos, aprobados por ley, siguen prohibidos por el Código Penal. Primera dificultad seria en las Cortes al programa de reformas».

Las incógnitas, a las diez de la noche del 9 de junio de 1976, son ¿y ahora, qué?, ¿qué piensa hacer el presidente del Gobierno?, ¿qué piensa el presidente de las Cortes? Y, sobre todo, ¿qué piensa el rey, que había hecho llegar un mensaje a Santiago Carrillo pidiéndole paciencia, pero comprometiéndose a incorporar a su partido al juego democrático?

La reforma Fraga ha fracasado, pero ha permitido conocer los límites del búnker: el Partido Comunista. El rey tiene un problema.

28
El rey sentencia a Arias

El proyecto reformista de Fraga, que es el proyecto reformista de Arias, ha fracasado y, con él, el primer Gobierno de la monarquía ha entrado en colapso. Las razones son varias, pero hay una principal: lo han hecho de espaldas al rey, a las Cortes y al pueblo. Las razones del presidente y del vicepresidente son distintas, pero ambos han coincidido en no buscar el respaldo de don Juan Carlos, que, sin embargo, ha estado en todo momento alineado con su hombre en las Cortes, que a su vez tiene en mente un proyecto reformista a la espera del momento adecuado.

Durante la primavera de 1976, Torcuato Fernández-Miranda ha observado desde el Legislativo los pasos que iba dando Fraga y ha llegado a la conclusión de que ha despreciado a las Cortes, no ha tratado de seducirlas, y al final se ha topado con la más dura realidad: los procuradores le han dado la espalda. En cuanto a Arias, el problema es que, directamente, no quería un proyecto reformista.

La relación entre el rey y el presidente del Gobierno está lejos de ser razonable, como le confiesa a Fernández-Miranda ya en el mes de abril. Don Juan Carlos está angustiado:

—No sé cómo tratar a Arias, he pretendido crear confianza y no lo he conseguido. No oye y en realidad no me deja hablar, no quiere o no sabe escuchar y me da la sensación de que no necesita contar conmigo; es como si creyera que está absolutamente seguro, que es presidente por cinco años, que yo no puedo más que mantenerle. Creo que a veces llega a creer que es más fuerte que yo y que en el fondo no me acepta como rey. No me informa, habla y habla, y lo único que dice es que gracias a él las cosas se mantienen, que sin él todo sería un caos. «Sin mí —dice—, el poder estaría arrojado a la calle». Me he esforzado todos estos meses por establecer una relación de confianza, he usado toda mi cordialidad y tengo que decir que es contraproducente.

—No queda más salida que Vuestra Majestad le pida la dimisión —responde Torcuato.

—Estoy de acuerdo —dice el rey—. Pero no sé cómo hacerlo. Continuamente dice que él es el presidente porque así lo quiso el Caudillo, que él pensó dejarlo y que yo he sido quien le ha comprometido en una tarea que ahora ha de concluir, que ha de llevarla hasta el final. «Pero sabe que si sigo es porque Vuestra Majestad me lo ha pedido». Es muy hábil para plantear las cuestiones de confianza de medio lado, nunca de frente, y dándolo por hecho, y yo no sé cómo abordarle. No sé cómo hacerlo y todo esto me tiene en vilo, pero a ti tengo que decírtelo; no sé cómo llegar a plantearle que deseo su dimisión. Todos los ministros me dicen que es necesaria, que la situación de Arias es insostenible, pero ¿cómo se hace?; ¿y si él dice que no, que él ya no la presenta, que si lo creo conveniente que le dé el cese, pero que él no dimite? ¿Crees que puedo meter al Consejo del Reino en una decisión así? Armada me dice que sería un error muy grave, que más complicaría que resolvería las cosas.

—Tenéis que pedirle la dimisión, de modo claro y directo, de modo preciso y dejarlo sin salida —dice Torcuato.

—¿Y si se niega? —pregunta el rey.

—Entonces sería un desacato y habría causa para hacer intervenir al Consejo del Reino.

—Pero bien mirado no hay desacato, pues la dimisión es a iniciativa suya.

—No, claro —matiza Torcuato—, no se trata de desacato. Esa no es la palabra. Pero en el contexto de toda su actitud se trata de algo parecido, pues él nunca planteó la confianza del rey para seguir. Fue todo confuso y a medias.

—Como todo lo suyo, y así están las cosas —añade el rey—. Estoy convencido de que no puedo seguir con Carlos, pero cómo lo hago... todo esto me cabrea, no veo nada claro. Tú dices que tengo que planteárselo clara y directamente. ¿Cómo?

—Yo le diría algo así: tu labor ha llegado al fin de sus posibilidades. La nueva situación exige otro presidente de Gobierno. Espero de tu patriotismo que me presentes la dimisión. Es necesario. Lo he pensado muchas veces y es necesario. No salir de un planteamiento así, cuando diga esto y lo otro, decir sólo: lo comprendo, pero es necesario. Y por mucho que él diga, no salir de eso: sí, pero es necesario.

—No es fácil, no es fácil —responde el rey—. Es como si me hubiera metido en una situación en la que él acaba por eludir el tema... ¿Y qué posibilidad hay de contar con el Consejo del Reino para cesarle?

—El artículo 15 de la Ley Orgánica del Estado plantea dos supuestos: uno es la dimisión y el otro el cese por decisión del jefe del Estado de acuerdo con el Consejo del Reino.

—¿Y tendría ese acuerdo?

—Si yo puedo contar lo que sé, sí —dice Fernández-Miranda, convencido de que los consejeros le respaldarán si puede contarles el trato que el rey recibe del presidente.

—Pero ¿puedes contarlo? ¿Sería conveniente contarlo? Es mejor la dimisión[1].

La situación es compleja, porque Arias desprecia al rey y le ha tomado la delantera. En una ocasión le había dicho a Fernández-Miranda: «Yo con un niño no sé hablar más allá de diez minutos; después no sé qué decirle y me aburro. Algo de esto me pasa con el rey».

En esta situación de bloqueo y de angustia personal, don Juan Carlos toma la decisión de dar un toque de atención a Arias, y elige hacerlo en la prensa internacional. De nuevo en la revista *Newsweek* y de nuevo con el periodista Arnaud de Borchgrave. El artículo, en estilo indirecto por petición del rey para tratar de rebajar su efecto, es contundente y califica a Arias como «un desastre sin paliativos». Es una excelente crónica de lo que piensa don Juan Carlos en abril de 1976:

> El nuevo líder español está gravemente preocupado con la resistencia de la derecha al cambio político. Cree que ya ha llegado la hora de la reforma, pero el presidente del Gobierno, Carlos Arias Navarro, un residuo de los días de Franco, ha demostrado más inmovilismo que movilidad. El rey opina que Arias es un desastre sin paliativos, ya que se ha convertido en el abanderado de ese grupo de leales a Franco conocido como «el búnker». Como consecuencia de ello, se

[1] Pilar y Alfonso Fernández-Miranda, *Lo que el Rey me ha pedido*, Plaza & Janés, Barcelona, 1995, págs. 176-178.

ha producido un estancamiento total entre Arias y Torcuato Fernández-Miranda, el profesor de Derecho elegido por Juan Carlos para presidir las Cortes y acelerar la reforma política. Desde que subió al trono, el rey ha hecho todo lo posible para convencer a Arias y se encuentra con que el presidente, de setenta y siete años de edad, le responde «sí, Majestad» y no hace nada, cuando no hace lo contrario de lo que el rey quiere. Pero, a menos que Arias decida dimitir, es poco lo que Juan Carlos puede hacer para sustituirle. Lo que más inquieta al rey es el hecho de que la política de Arias —o su falta de política— está polarizando a los políticos españoles y haciendo que tanto la derecha como la izquierda se vuelvan contra el Gobierno. Juan Carlos se mostró profundamente molesto en unas recientes conversaciones con los líderes democristianos y socialdemócratas, que le dijeron que esa paralización por parte de Arias les había dejado sin elección a la hora de cerrar filas con los comunistas. «Arias se niega a hablar con nosotros», se quejaba un destacado democratacristiano: «Póngase en mi lugar».

Ávido lector de la prensa nacional y extranjera, don Juan Carlos es consciente de que muchos observadores recomiendan la legalización del Partido Comunista. Los servicios de información del rey dicen que hay grupos de comunistas exiliados bien armados en Portugal y que no confían en que los miembros del PCE vayan a seguir el juego democrático. Don Juan Carlos no se opone a la legalización del Partido Comunista una vez que su nación haya construido una firme estructura democrática. Pero el proceso de construcción de esa estructura apenas ha comenzado. El Gobierno tiene la intención de pedir al Parlamento la autorización para hacer un referéndum sobre una reforma mucho más importante que la elección directa de diputados para la Cámara Baja. Existe la seguridad de que esta proposición va a encontrar una firme oposición en las Cortes actuales, y que incluso el Gobierno está dividido en lo que al alcance de la reforma se refiere.

Las cartas, sobre la mesa. En abril, el rey sabe quién es el presidente Arias y lo ha querido hacer público. Su proyecto es el de Fernández-Miranda y el referéndum del que habla Borchgrave es el que se intentará convocar para avalar su plan de reforma. Porque don Juan Carlos y Fernández-Miranda, a diferencia de Arias, quieren contar con las Cortes y con la ciudadanía. Una sutil, pero profunda, diferencia: el rey, como anuncia Borchgrave para acabar su artículo, «piensa hablar en este sentido en la sesión del Congreso a la que asistirá en el transcurso de su visita de Estado a Estados Unidos el próximo mes de junio». Será el primer monarca de la historia de España que pondrá sus pies en el continente americano. Y lo hará para defender su proyecto democrático ante la democracia más antigua del mundo. ¿Dónde mejor?

29
El Bicentenario de la Independencia

El Congreso de Estados Unidos recibe al rey de España en sesión conjunta del Senado y la Cámara de Representantes.

—*Mr. Speaker, the King of Spain.*

Don Juan Carlos ha sido invitado por el presidente Gerald Ford con motivo del segundo centenario de la Declaración de Independencia de Estados Unidos, pero antes de aterrizar en la cuna de la democracia los reyes visitan la República Dominicana, la primera isla que pisó Cristóbal Colón en 1492 y que bautizó como La Española. Ya en Estados Unidos, el acto central tiene lugar el 2 de junio y es una magnífica oportunidad para que Juan Carlos I explique al mundo la naturaleza de su compromiso democrático para España. Bajo el lema «In God we trust» y ante la bandera vertical de las barras y las estrellas, los congresistas reciben a ese joven rey de treinta y ocho años aplaudiendo en pie durante algo más de un minuto. Su primera decisión es dirigirse al auditorio en inglés, un gesto que siempre gusta:

—La monarquía española se ha comprometido desde el primer día a ser una institución abierta en la que todos los ciudadanos tengan un sitio holgado para su participación política, sin discriminación de ninguna clase y sin presiones indebidas de grupos sectarios y extremistas. La Corona ampara a todo el pueblo y a cada uno de los ciudadanos garantizando, a través del derecho y mediante el ejercicio de las libertades civiles, el imperio de la justicia.

El Capitolio aplaude, esta vez sentado. El rey continúa:

—La monarquía hará que bajo los principios de la democracia se mantengan en España la paz social y la estabilidad política, a la vez que se asegure el acceso ordenado al poder de las distintas alternativas de Gobierno, según los deseos del pueblo libremente expresados.

La celebración de esta sesión conjunta fue una petición expresa de don Juan Carlos, y se aceptó con el compromiso de que el monarca aprovechara la ocasión para defender abiertamente la democracia[1]. Fue el secretario de Estado norteamericano, Henry Kissinger, quien explicó al presidente Ford la importancia de apoyar al rey Juan Carlos:

> Todo el mundo está presionando a España para que avance rápido. España ha fluctuado entre el autoritarismo y la anarquía. Carece de tradición democrática. Necesitan tiempo para desarrollar el centro. Yo le preguntaría por sus planes, pero le sugeriría que avance lo suficientemente rápido como para dar respuesta a la presión, pero no tan rápido que pierda el control[2].

El secretario de Estado conoce bien España y va a dar soporte a don Juan Carlos.

El discurso ha sido un éxito y la visita de Estado, también. La prensa norteamericana dedica más espacio al rey

---

[1] Charles Powell, *El amigo americano,* Galaxia Gutenberg, Barcelona, 2011, pág. 364.

[2] Ibíd., pág. 369.

de España que a la reina de Inglaterra o al presidente francés, que también han participado en los actos del Bicentenario. Es más, *The Washington Post* y *The New York Times* dedican sus editoriales al futuro de España: «La espectacular promesa del monarca, su compromiso con una España democrática fue tan completo como cualquier liberal pudiera desear».

La excelente acogida de la clase política y de la prensa norteamericana al rey tiene repercusiones en muchos órdenes. El primero, el militar, una cuestión que interesa mucho en Estados Unidos porque para incorporar a España a la OTAN es necesario modernizar sus Fuerzas Armadas. En esos días, el agregado norteamericano cuenta en Washington que, para el rey, el Ejército español es «una fuerza militar arcaica que se había dedicado durante demasiado tiempo a actuar de elemento estabilizador del Gobierno y de la sociedad española». El mensaje es nítido y tiene consecuencias: se acelera la entrada en vigor del Tratado de Amistad y Cooperación firmado unos meses atrás.

El rey también viaja a Nueva York. En la cena convocada por la Cámara de Comercio hispano-norteamericana el 4 de junio se centra en la economía y anima a invertir en España. Don Juan Carlos explica que la relación económica bilateral está descompensada en favor de Estados Unidos y repasa el crecimiento económico y social de España en los últimos quince años. Pocas semanas después se hace pública la concesión al Reino de España de un crédito por valor de mil millones de dólares por parte de un consorcio liderado por varios bancos norteamericanos, y otro del Fondo Monetario Internacional que suma trescientos cuarenta millones de dólares.

Sólo hay una cosa que Juan Carlos I no logra, a pesar de que lo ha intentado: visitar San Agustín, la ciudad más antigua de Estados Unidos de América, que fue fundada por españoles en 1565 y que en 1976 forma parte de Florida. Pero el rey no ha ido a América para hablar del pasado, o no sólo, sino para dejar un mensaje para el futuro, un mensaje de modernidad:

—Nuestro pueblo no está anclado en el pasado, ni soñando glorias pretéritas, sino juvenilmente interesado en el porvenir, en el desarrollo, en la prosperidad con justicia para todos[3].

Es un mensaje que contrasta con lo que casi cuarenta años atrás Francisco Franco escribió y firmó en el libro de visitas del Archivo de Indias, la institución con sede en Sevilla que custodió en tiempos los fondos producidos por la Administración española relacionada con los territorios de ultramar: «Sobre las reliquias de un imperio, con la promesa de otro».

La España que ambiciona Juan Carlos I es distinta, porque mira hacia el futuro con el anhelo de volver a situar a España en el lugar que le corresponde: en Europa, en la democracia. Con su visita a Estados Unidos el rey ha ganado crédito internacional, una batalla importante, como bien le hace saber el ministro de Asuntos Exteriores, José María de Areilza, el otro hombre fuerte del aperturismo en el Gobierno Arias. No obstante, mientras los reyes están de viaje, en España se producen dos acontecimientos relevantes que dibujan un país distinto al que pregona el rey.

---

[3] Ibíd., págs. 374-376.

La primera es la detención de Rafael Calvo Serer, exconsejero de don Juan y portavoz de la Junta Democrática, nada más pisar España. La segunda tiene que ver con Carlos Arias, que amenaza con cerrar la revista *Cambio 16* durante cuatro meses por publicar una caricatura del rey Juan Carlos bailando como Fred Astaire para ilustrar un reportaje sobre su visita a Nueva York. Esta revista semanal, que surge en el final del franquismo y se alinea siempre con cualquier gesto de aperturismo, ya ha sufrido episodios de censura, pero nunca tan serios como una amenaza de cierre, y menos por una inocente viñeta publicada en páginas interiores. Este es un nuevo motivo para incrementar la distancia entre el rey y el presidente del Gobierno.

Arias no lo sabe, pero tiene los días contados. El rey sólo tiene que esperar el momento.

30
EL RETRATO ROBOT

«Después de Franco, las instituciones». Este lema del tardofranquismo es esclarecedor. Es verdad que en noviembre de 1975 don Juan Carlos había heredado la Jefatura del Estado, pero no el poder político ni jurídico de Franco. Recién proclamado, el rey entendió pronto que carecía de fuerza para nombrar a la vez a los presidentes del Gobierno y de las Cortes, y que cada paso debía contar con ese nudo invisible en que se habían convertido las instituciones: el atado y bien atado.

Por ello, el rey había tomado la decisión de focalizar los esfuerzos en nombrar a Torcuato Fernández-Miranda con el fin de que empezara a preparar el terreno para el día en que se dieran las circunstancias y pudiera sustituir a Carlos Arias Navarro. En ese instante, ni don Juan Carlos ni su profesor sabían cuándo llegaría ese momento, pero ambos tenían claro que debían estar preparados, y eso se concretaba en dos cosas: tener un sucesor y contar con un procedimiento para nombrarlo. El quién y el cómo.

En primavera de 1976, un análisis superficial de la situación ofrece una conclusión directa: el presidente del Gobierno del rey será Torcuato Fernández-Miranda. Esta idea no sólo está en la cabeza del rey, sino que cuenta con el apoyo de personas importantes que conocen las buenas relaciones entre el jefe del Estado y el presidente de las Cortes. Sin embargo, Fernández-Miranda había descartado esta posibilidad meses atrás, en el mismo momento en el que aceptó presidir el Parlamento, y así se lo dijo al rey cuando le propuso pasar más adelante al Ejecutivo. O una cosa o la otra:

—Señor, podéis designarme para presidente del Gobierno, para presidente de las Cortes o nada. En los tres casos me tenéis y me tendréis a vuestras órdenes —le dijo en diciembre de 1975.

—Creo que ahora tu puesto, donde mejor me puedes servir, es en las Cortes; más adelante quizá tenga que pensar en ti para presidente del Gobierno.

—Donde Vuestra Majestad quiera, pero si me nombra presidente de las Cortes será irreversible, ya no podré ser presidente del Gobierno, pues no puedo jugar a que crean que acepto para descabalgar a Arias y sustituirle. Quiero que veáis que es irreversible.

—No lo veo.

—Señor, yo sólo os ruego que recordéis esto que os digo: es irreversible.

—No lo entiendo bien, pero lo recordaré.

Si esta convicción de Fernández-Miranda es firme en diciembre de 1975, en la primavera de 1976 es irrenunciable. El presidente de las Cortes cree que tal movimiento dañaría al rey: porque parecería que el profesor tiene una influencia excesiva sobre él y que actúa en función de su conveniencia, ambición y egoísmo. Además, podría parecer que es un valido y, aún peor, ofrecería la imagen de que en toda la clase política española no hubiera nadie con las cualidades necesarias para ser presidente del Gobierno. Y algo aún más pragmático, como le dijo Fernández-Miranda al rey: «Sería vestir un santo para desvestir otro»[1].

Pero, si no es Torcuato, ¿quién? Superada la tentación inicial, y aplacado el ánimo del rey, Fernández-Miranda sigue trabajando discretamente para el monarca. Lo primero es elaborar un retrato robot, un perfil de las cualidades que debe reunir el presidente del Gobierno que impulsará el plan democratizador. Precisamente, este es uno de los tres puntos de partida: el candidato debe ser una persona absolutamente leal al monarca y a sus intenciones. Como segunda clave, Fernández-Miranda concluye que debe ser un político sin proyecto propio, lo cual no quiere decir que no tenga fuertes convicciones democráticas o una gran voluntad de cambio; es, simplemente, que haga suyo el proyecto de la Corona. Y, por último, que tenga gran capacidad de seducción y de diálogo: llegado el momento, habrá que convencer de la reforma tanto al continuismo y al franquismo sociológico como a una izquierda instalada en la desconfianza[2].

Al final, el perfil que Fernández-Miranda le prepara al rey en el mes de abril se resume en un presidente «disponible y no cerrado, abierto a las indicaciones directivas»: un presidente del rey. Pero a Torcuato hay una cuestión que le preocupa: que esa persona pueda rebelarse cuando tenga el poder y pueda desatender las directrices reales. Por eso, insiste en la idea de que hay que formalizar un pacto en el

---

1 Pilar y Alfonso Fernández-Miranda, *Lo que el Rey me ha pedido*, Plaza & Janés, Barcelona, 1995, pág. 191.

2 Ibíd., págs. 191-192.

que queden claro los pasos que se van a seguir: un pacto ante el rey y ante los presidentes del Gobierno y de las Cortes. Don Juan Carlos no lo cree necesario:

—Hay que pensar en una persona dirigible, realmente abierta. El pacto lo acabamos de hacer tú y yo, y basta. Por cierto, se me ocurre que, sin precisar tanto, esa idea del pacto ante el rey debes usarla para probar a nuestros candidatos. Sí, para eso es colosal. Pero con cuidado, con habilidad, sin decir nada de su contenido, o poco.

En abril de 1976 el rey hace un encargo a Torcuato Fernández-Miranda. Sólo ellos dos conocen en detalle el plan de reforma, un plan que el profesor ha elaborado para el rey y que tendrá que impulsar un presidente del Gobierno que aún no tiene nombre, pero que deberá asumir antes de conocer el detalle.

En la lista que maneja el rey hay cuatro ministros y tres exministros, todos ellos aperturistas, pero muy distintos entre sí:

1. José María de Areilza, ministro de Asuntos Exteriores.
2. Manuel Fraga, vicepresidente de Asuntos Políticos.
3. José María López de Letona, exministro de Industria (1969-1974).
4. Carlos Pérez Bricio, ministro de Industria.
5. Federico Silva, exministro de Obras Públicas (1965-1970).
6. Gregorio López-Bravo, exministro de Industria (1962-1969) y de Asuntos Exteriores (1969-1973).
7. Adolfo Suárez, ministro secretario general del Movimiento.

Con discreción y sin revelar concreciones, Fernández-Miranda empieza a entrevistarse con los candidatos. Ellos no lo saben, pero lo que hagan o digan será definitivo para que el rey tome su segunda decisión fundamental: quién será el sustituto de Carlos Arias Navarro. Acertar o fallar en este cometido es trascendental para el futuro de España, y el rey lo sabe bien. El primero en la agenda de Fernández-Miranda será el número uno de la lista del rey: José María de Areilza, que acaba de aterrizar procedente de Roma y solicita un encuentro con el presidente de las Cortes.

Es 15 de abril.

31
Candidato Areilza

José María de Areilza, sesenta y siete años. Conde de Motrico, es el ministro de Asuntos Exteriores del primer Gobierno de la monarquía. Desde esta posición está siendo un baluarte en la presentación internacional de las intenciones reformistas del rey y ha mantenido con él una relación permanente y fluida. Tres veces embajador (Buenos Aires, Washington, París), es un hombre culto y políglota, un liberal que está bien considerado por la oposición porque en sus años en el secretariado político de don Juan de Borbón construyó puentes con el antifranquismo. Y un detalle más: tiene la ambición de ser presidente del Gobierno y no lo oculta.

El 15 de abril de 1976 Areilza tiene una cita: visitar al rey en la Zarzuela por la tarde. Pero antes quiere verse con Torcuato Fernández-Miranda, a quien solicita precipitadamente una reunión. El presidente de las Cortes lo recibe en su casa a las doce de esa misma mañana. Nada más llegar, el ministro revela el resentimiento del Santo Padre con Franco por el desprecio a sus intentos por frenar las condenas a muerte de 1975.

Fernández-Miranda, que ya está examinando a los aspirantes a presidente, entiende que Areilza ha pedido esta reunión con tanta prisa para, ya por la tarde, poder decirle al rey que ha estado con Torcuato. La sucesión de Arias está en el ambiente y Areilza sabe que sus posibilidades de ser el siguiente presidente del Gobierno pasan por conseguir el respaldo de Fernández-Miranda. Por eso, esa mañana, lo elogia por su «increíble dominio de las Cortes» y por la confianza que el rey tiene en él. Cuando Torcuato le explica sus razones para no ser él el sucesor, Areilza le insiste y Torcuato zanja la conversación: «No puede ser y además es imposible». Esta afirmación incrementa las ambiciones del ministro, que admite la teoría del pacto que Torcuato le pone sobre la mesa:

—Ese pacto es muy inteligente y un nuevo presidente no podría por menos que aceptarlo.

Areilza se muestra «disponible», un detalle necesario, pero no suficiente. Cuatro días más tarde, Torcuato y Areilza vuelven a encontrarse, esta vez en el despacho del presidente de las Cortes.

—Le conté al rey —comienza Areilza— tu tesis de que tú no podías ser, ni pensabas en ello. El rey se rio y dijo: «Pues claro, es absurdo el miedo de Carlos Arias a que Torcuato le sustituya; bastaba con que pensara que le pude poner allí y le puse donde está. Y si está ahí es porque tanto él como yo vimos que ese era su puesto, y los hechos han demostrado el acierto. Torcuato me seguirá ayudando donde esté».

Convencido Areilza de que Fernández-Miranda no está en la carrera sucesoria, ve el camino despejado y focaliza sus temores sobre quien él cree que es su principal adversario: Manuel Fraga.

—El rey está preocupado por los obstáculos que Fraga y yo podamos encontrar en el Consejo del Reino.

—Creo que el rey piensa más bien en ti —responde Torcuato.

El presidente de las Cortes examina a Areilza. Quiere ver sus reacciones para descubrir sus lealtades y sus convicciones, de las que no duda: Areilza es un monárquico y un demócrata; no hay vacilación al respecto. Es más, entre Fraga y Areilza, Fernández-Miranda prefiere claramente al segundo. Sin embargo, no está del todo convencido porque su nombre suscita el rechazo de los sectores más inmovilistas del régimen y conseguir que el Consejo del Reino lo nombre puede tener un coste demasiado alto. Y hay otro problema: a pesar de que Areilza está dispuesto y disponible, su personalidad política es demasiado fuerte para dejarse guiar por el rey y para que el segundo Gobierno de la monarquía sea lo que debió ser el primero: un Gobierno unido y de Juan Carlos I.

No obstante, y a pesar de las dudas, al finalizar la reunión en el despacho del presidente de las Cortes, Torcuato se despide de Areilza con una frase que lanza sus expectativas:

—Cuidado con Fraga; yo pienso en ti[1].

Entre Fraga y Areilza, Torcuato prefiere a este. Es verdad, pero no es toda la verdad: un candidato inesperado y sobrevenido va ganando enteros en la carrera sucesoria.

---

[1] Pilar y Alfonso Fernández-Miranda, *Lo que el Rey me ha pedido,* Plaza & Janés, Barcelona, 1995, pág. 196. Todo lo anterior está basado en las páginas de este libro.

32
Aspirante Suárez

—Arias es insostenible.

Habla Adolfo Suárez. Cuarenta y tres años, ministro secretario general del Movimiento. Es 8 de marzo de 1976. Aún quedan tres meses para que el presidente Arias le pida que defienda el proyecto Fraga —la Ley de Asociaciones—, en las Cortes. Quedan tres meses para que, gracias a Arias, toda España se pregunte quién es ese joven político que tiene una imagen renovada y que se expresa de manera diferente. No obstante, hace semanas que Fernández-Miranda ya lo está examinando. Lo conoce muy bien, porque desde sus tiempos como vicepresidente del Gobierno en 1973 Suárez siempre lo ha tratado con atención. Además, Suárez ha sido una persona de confianza de Fernando Herrero Tejedor, fiscal de carrera y voz reconocida y autorizada en la época. Falleció en junio de 1975 cuando ocupaba la cartera de ministro secretario general del Movimiento. La buena relación, a pesar de la diferencia de edad, se extiende a sus matrimonios.

Ese 8 de marzo los cuatro están cenando en casa del matrimonio Suárez, en la acomodada y residencial zona de Puerta de Hierro, a las afueras de Madrid. Tras expresar que la continuidad de Arias es inviable, Adolfo continúa:

—En el mejor de los casos, hay que pensar que está enfermo, hay que ir a la sustitución y el único posible eres tú.

—Yo no puedo ser presidente del Gobierno —responde Fernández-Miranda, una vez más, cansado de que todo el mundo lo vea como el sucesor de Arias, incluido el propio Arias.

—No hay otro —insiste Suárez.

—¿Por qué no tú? —dispara Torcuato deseando observar su reacción.

Fernández-Miranda se queda impresionado por varios motivos. Primero, porque Suárez no responde nada, ni siquiera por cortesía. Asume la propuesta con una naturalidad pasmosa y se queda pensando. Torcuato observa su mirada y piensa que en ella anida el sueño de una ambición. Se acuerda de una frase del intelectual Pedro Laín, «Dios te dé sobra de ambición y falta de codicia», y duda sobre si en esa condición puede germinar algún peligro en el futuro.

Sin embargo, Torcuato considera que en política la ambición no es mala y está convencido de que su «influencia y poder» sobre Suárez son «indudables». Por todo ello, cree que, de los siete candidatos de la lista del rey, el que más posibilidades ofrece de ser «pieza engranaje» es Adolfo Suárez.

Mientras Torcuato cumple la orden del rey de examinar a los candidatos, don Juan Carlos también va hablando con ellos. Ese juego entre ambos es doblemente interesante, porque además de suponer un doble filtro, permite observar cómo se comportan los aspirantes cuando hablan con uno o hablan con otro.

El 20 de abril, Suárez llama a Fernández-Miranda:

—Me tienes desconcertado. Me dice el rey que le has dicho que hay que mantener a Arias.

—Ven a verme —responde Torcuato, que desde la cena a cuatro de hace un mes lo ve demasiado interesado en el cese del presidente.

—Hay que obligar al rey —insiste Suárez.

—Al rey ni se le obliga ni se le acorrala —aclara el presidente de las Cortes.

—Tú sabes lo que hay que hacer. Sólo deseo, como tú, servir al rey, pero padecido de cerca Arias es insostenible.

—Aplazar —concluye Torcuato— no es abandonar[1].

A Fernández-Miranda le preocupa la ansiedad de Suárez, sus prisas. Los tiempos no los marca él, ni el propio Torcuato, ni, por desgracia, el rey. En el mes de abril, Arias sigue siendo el presidente y un elemental deber de prudencia obliga a seguir esperando a que llegue el momento adecuado.

Entre tanto, Fernández-Miranda ha ido tomando decisiones en el ámbito de sus responsabilidades: como presidente del Consejo del Reino, se ocupa de que las reuniones se celebren cada dos semanas, con el objeto de diluir el interés de la prensa: el día que haya que elegir al sucesor de Arias, nadie estará prevenido. Como presidente de las Cortes, ha introducido cambios para que el día que llegue la reforma del rey, que deberá ser impulsada por el nuevo presidente, se tramite con rapidez y en un solo movimiento. El proyecto Fraga también se ha beneficiado de ello y, gracias a su impulso, en España se legaliza la reunión y la manifestación.

En la primavera del año 1976, el rey y su principal consejero han hecho su trabajo. Las instituciones están engrasa-

---

[1] Pilar y Alfonso Fernández-Miranda, *Lo que el Rey me ha pedido,* Plaza & Janés, Barcelona, 1995, págs. 198-200.

das y los candidatos han sido examinados. La conclusión es que quien mejor se adapta al retrato robot es Adolfo Suárez, a pesar de las dudas que suscita su ambición. «Sin embargo», reflexiona Fernández-Miranda antes de plantearle su conclusión al rey, «sigo creyendo que es el que mejor cumple la tesis de un presidente abierto y disponible para la misión histórica que va a llevar a cabo. Sobre él ejerzo una gran autoridad y esto puede ser decisivo».

Las cualidades de Adolfo Suárez son evidentes: aperturismo, juventud, energía, carisma, capacidad de diálogo, seducción y un argumento que a Fernández-Miranda le preocupa mucho y que confiesa en privado: «Es como una esponja, lo absorbe todo rápido, lo elabora, lo asimila y luego sabe mostrarlo como si fuera suyo»[2].

A pesar de que partió desde el último puesto de la lista, Adolfo Suárez va a ser el candidato del rey. Eso sí, si el Consejo del Reino —y sus quince consejeros nombrados personalmente por Franco— lo incluye en la terna de candidatos para sustituir a Arias. No es tarea fácil.

[2] Pilar Urbano, *La gran desmemoria,* Planeta, Barcelona, 2014, pág. 11.

33
La hora del rey (II)

Desde que el rey es proclamado ante las Cortes hasta que tiene la convicción de que ha llegado el momento de tomar la iniciativa pasan exactamente doscientos días. Es en la noche del 9 de junio de 1976 cuando el Gobierno Arias se topa con el muro del régimen. El proyecto de reforma de Fraga ha fracasado, y no por la voluntad del autor, que es netamente democrática, sino porque yerra en el camino elegido y en los modos empleados. La división y las contradicciones en el Ejecutivo tampoco han contribuido. Es la hora del rey.

Don Juan Carlos de Borbón lleva años, décadas, teniendo que aguantar todo tipo de juicios sobre sus verdaderas intenciones, a pesar de que durante esos mismos años ha enviado señales aperturistas de todo tipo. Es más, dichas señales le preceden: su vida ha estado marcada desde niño por la forja de un vínculo para España y los españoles, democracia y monarquía. Y esa semilla la planta su padre en el momento en que se enfrenta a Francisco Franco.

Cuando, en 1948, don Juan de Borbón decidió enviar a su hijo y heredero a España con once años, siendo sólo un niño, y se lo entregó a Franco, lo hizo con la voluntad de que pudiera encarnar algún día la vuelta de la Corona a España. Fue una idea de Pedro Sainz Rodríguez, uno de los dos principales consejeros del conde de Barcelona:

—Vuestra Majestad tiene una baza en las manos, vital para Franco: don Juanito. Juéguela a fondo. A Vuestra Majestad y a la institución les conviene que el príncipe estudie en España. Un príncipe que se educa fuera de su país lo tiene muy difícil para reinar en él. Para Franquito, que el príncipe estudie en España supone decir a los Aliados: ¿no queréis monarquía?, pues ahí la tenéis.

Sainz Rodríguez presenta este argumento a don Juan un año después de que Franco aprobara la Ley de Sucesión de 1947, una de las Leyes Fundamentales del régimen, que básicamente establece dos cosas: España es un reino sin rey y Franco se reserva la capacidad de designar a su sucesor a título de rey, pero con una condición clave que Sainz Rodríguez tiene en cuenta a la hora de dar a don Juan el consejo de que entregue a su niño a Franco. Continúa Sainz Rodríguez, en 1948:

—España es ya un reino y el hijo del pretendiente está aquí a mi lado estudiando y preparándose para ser rey. Como la ley exige tener treinta años, al Generalísimo le quedan veinte por delante [...]. Ya verá como no me equivoco: le lamerá el culo a Vuestra Majestad cuantas veces haga falta para tener a don Juanito en España[1].

Así fue. Cuando don Juan y Franco se vieron en agosto de 1948 en el barco Azor, frente a las costas de San Sebastián, ambos acordaron una decisión que marcaría la infancia de don Juan Carlos: vivir en España, lejos de su familia y

[1] Luis María Anson, *Don Juan*, Plaza & Janés, Barcelona, 1994.

bajo el estricto control del enemigo de su padre. Una realidad difícil para un niño de once años, una oportunidad para un príncipe heredero de una casa real en el exilio.

Sin embargo, en ese mismo mes de agosto de 1948, el otro consejero principal de don Juan, José María Gil-Robles, firmó con el Partido Socialista el pacto de San Juan de Luz: un acuerdo entre las izquierdas y las derechas moderadas para situar España junto a las democracias europeas, el germen de ese vínculo entre monarquía y democracia.

La doble jugada de don Juan en agosto de 1948 cobraría sentido treinta y ocho años después, si don Juan Carlos fuera capaz de llevar la democracia a España. Visto desde 1948, es casi un disparo al aire; visto desde el 9 de junio de 1976, es una baza razonable.

Más de una década después de su llegada a España en tren, un joven don Juan Carlos inició sus estudios universitarios. Fue entonces cuando conoció a Torcuato Fernández-Miranda y fue entonces cuando se forjó una relación que no se romperá nunca. El catedrático descubrió al príncipe y el príncipe encontró un leal consejero.

Es 1969. Franco obliga al príncipe a jurar los Principios del Movimiento si quiere ser heredero a título de rey. Don Juan Carlos pasa unos días terribles, por lo que supone jurar los principios de un régimen que tiene decidido derribar. Es Fernández-Miranda quien le dice que jure tranquilamente porque luego «los iremos cambiando legalmente uno tras otro». No será un perjuro. ¿Por qué? Porque todo se hará «de la ley a la ley a través de la ley». Don Juan Carlos señaló cuál era la estación de término, el profesor estableció las vías para recorrer el camino.

Llegados a 1975, el plan jurídico que Torcuato Fernández-Miranda ha preparado para el rey tiene dos pasos[2]:

1. La reforma desde arriba: la «Constitución» del franquismo son siete leyes fundamentales. El plan es aprobar en las Cortes de Franco una octava ley fundamental que, básicamente, derogue las anteriores y convoque elecciones libres con el tiempo suficiente para organizar los partidos políticos. De la ley a la ley, el franquismo quedaría derogado en un único movimiento.
2. La reforma desde abajo: después, el pueblo vota y elige a sus representantes, que en la legislatura constituyente aprueban una constitución plural y democrática.

Desde ese lejano 1969 hasta el 9 de junio de 1976 don Juan Carlos se empeñó en ir ganando posiciones para, llegado el momento, dar el paso definitivo a la democracia. Durante esos siete años, don Juan Carlos se dedicó a planear sin aterrizar. Todo a la espera del momento adecuado. Y ese momento es el 1 de julio de 1976, veinte días después del batacazo del Gobierno Arias, cuando las Cortes dijeron «no» a la legalización de los partidos políticos.

Es el momento de enseñar al presidente la puerta de salida, aunque esto, para don Juan Carlos, es psicológicamente complejo porque Arias es perro viejo y le tiene tomada la delantera.

---

[2] Pilar y Alfonso Fernández-Miranda, *Lo que el Rey me ha pedido,* Plaza & Janés, Barcelona, 1995.

34
La dimisión de Arias

—He pasado la Semana Santa en El Escorial y todos los días me acercaba al Valle de los Caídos a conversar con el Caudillo. La verdad es que no rezaba y Dios me lo tiene que perdonar. Y mis conversaciones con el Caudillo..., pues yo le decía: «Mira, ya ves cómo estamos. ¡Como no vengas tú con un milagro desde arriba, esto no lo arregla nadie!»[1].

A Arias Navarro, que siempre se ha visto a sí mismo como el albacea del régimen, no le gusta lo que está pasando. Siempre quiso perpetuar el franquismo sin Franco, pero se ha topado con dos problemas: ha sido incapaz de entender los nuevos tiempos y no ha tenido la categoría política de liderar un proyecto basado en sus convicciones. Por eso, su presidencia del Gobierno ha estado marcada por trampantojos y juegos dialécticos tras los que no había más que la voluntad de ganar tiempo para mantenerse en el poder. Por eso, en 1974, quiso liderar «el espíritu del 12 de febrero», que primero dio esperanza a los aperturistas y enfadó a los inmovilistas y, después, acabó decepcionando a todos. Y, por eso, en 1976 ha sido incapaz de controlar el ímpetu

[1] Pedro J. Ramírez, *Así se ganaron las elecciones,* Planeta, Barcelona, 1977, pág. 52.

reformista de Fraga y ha acabado condenando a su Gobierno al fracaso.

Pero a Arias no lo ha parado la izquierda, ni lo ha frenado el rey: a Carlos Arias Navarro lo han derribado las instituciones franquistas que él supuestamente ha querido defender. Como dijo el rey en *Newsweek,* «un desastre sin paliativos».

Sin embargo, para don Juan Carlos sigue siendo un reto complejo, como le confiesa a Fernández-Miranda. Son las horas previas al cese.

—El otro día grité a la reina delante de Mondéjar y Armada, y es que estoy dominado por una irritación terrible. No duermo. Por las noches me paseo por todo el palacio, parezco un fantasma. Subí, le pedí perdón a la reina y se echó a llorar. Esto no puede seguir así. Y creo que lo que más me irrita es que pienso que Arias me puede. Y esto, cojones, no es así, tú lo sabes.

La situación del rey es comprensible. Por un lado, ha diseñado un plan junto a su principal consejero que pasa por el cese de Arias. Por otro, el propio Arias se está resistiendo y está jugando la batalla psicológica. Y, por último, en la Casa no quieren que se produzca el cese de Arias: Alfonso Armada insiste en su tesis de que no hay que cesarle y que Torcuato es un gran profesor y un nefasto político. Todo aderezado por el peso de la historia sobre los hombros de un joven rey: su infancia, su padre, su apellido. Todo suma.

Es 1 de julio, el día señalado. ¿Por qué? Porque es jueves y a las cinco de la tarde está convocado el Consejo del Reino. Los consejeros no lo saben, pero el presidente, sí: el único punto en el orden del día será elegir la terna de candidatos a presidente del Gobierno… si es que esa mañana el rey consigue destituir a Arias.

A primera hora de la mañana el monarca tiene un acto de entrega de credenciales de embajadores, uno de los más solemnes y antiguos de la institucionalidad española. Don Juan Carlos tiene cara de estar preocupado y de haber dormido poco[2]. Después, a las 13:00 horas ha convocado al presidente Arias para anunciarle su cese. El rey le da una importancia máxima a este encuentro, porque puede desestabilizar los equilibrios políticos que tanto le cuesta mantener. ¿Aceptará el presidente del Gobierno su cese o se resistirá bajo el argumento de que fue nombrado por Francisco Franco por cinco años, hasta enero de 1979? ¿Obligará Arias al rey a pedir al Consejo del Reino una terna para sustituir a un presidente que se atornilla al cargo?

Cuando Arias Navarro abandona la sede del Gobierno, en el paseo de la Castellana 3, no sabe cuál es el motivo de la convocatoria del rey. Cree que serán asuntos rutinarios. La víspera ha organizado un almuerzo con sus leales para celebrar el paso del ecuador de su mandato. Nada le hace presagiar que este ha llegado a su fin.

Arias llega al Palacio Real y la ceremonia de entrega de credenciales todavía no ha acabado. Quedan poco más de cuatro horas para que comience el Consejo del Reino. Nadie sabe nada. El rey recibe al presidente en el despacho de Alfonso XIII, el mismo en el que se produjo una anécdota que puede ser un antecedente. El abuelo del actual rey recibió allí a su primer ministro, Antonio Maura, y lejos de pedirle o comunicarle su cese, le dijo: «Muchas gracias, don Antonio, por su gesto patriótico. ¿Qué le parece Moret como su sucesor?».

---

[2] Testimonio de José María de Areilza en *La Transición*, TVE, 1995, capítulo 9.

Ha llegado el momento que don Juan Carlos lleva meses deseando y temiendo, pero justo antes de planteárselo, Carlos Arias se adelanta:

—No quiero ser un obstáculo.

Arias se comporta como un caballero. El encuentro dura veinticinco minutos y, al finalizar, el rey llama a Torcuato Fernández-Miranda:

—Todo ha ido mejor de lo esperado[3].

Después de meses de tiras y aflojas, de desafíos y de desplantes, todo ha resultado sencillísimo. Tal vez porque Arias es consciente de que ha llegado demasiado lejos al tensar su relación con el rey, tal vez porque su Gobierno está sentenciado. Dos días después del fracaso de la Ley Fraga, el 11 de junio, el Gobierno volvió a chocar contra el búnker: el Consejo Nacional del Movimiento, máximo órgano consultivo del Ejecutivo, le había devuelto otro proyecto de ley parcial elaborado por Fraga. En este caso, el de modificación de la Ley de Cortes y otras leyes fundamentales. Quedaba probado que la reforma paso a paso no había conseguido más que prevenir poco a poco a los más inmovilistas. Una estrategia errónea.

En poco más de tres horas comienza la reunión del Consejo del Reino que Torcuato lleva meses preparando. Hay que conseguir que los consejeros acepten incluir a Adolfo Suárez en la terna. Para el rey es fundamental.

---

[3] Victoria Prego, *Así se hizo la Transición,* Plaza & Janés, Barcelona, 1995, pág. 486.

35
El Consejo del Reino (II)

Torcuato Fernández-Miranda llega puntual a la reunión del Consejo del Reino, del que también es presidente. No hay periodistas en la puerta. Nadie sabe nada, nadie sospecha nada. La decisión que tomó nada más ser nombrado de convocar las reuniones cada quince días para despistar a la prensa ha sido un éxito, a pesar de que algunos editoriales la habían criticado al entender que era una forma de fortalecer las instituciones franquistas. Nada más lejos de la realidad: el objetivo no es fortalecerlas, sino controlarlas para desmontarlas.

Con Franco vivo, esta institución no era más que una falsa formalidad: se reunía y proponía ternas para los cargos relevantes, pero casualmente en ellas siempre estaba el candidato previo del jefe del Estado. Era un trampantojo de esa falsa democracia orgánica del franquismo. Pero, con Franco muerto, se había convertido en un auténtico dique de contención. Fernández-Miranda sabe que entre los quince consejeros hay todo tipo de sensibilidades: desde los inmovilistas más intolerantes hasta los partidarios de un aperturismo sin sobresaltos. Y a cada uno de ellos hay que darle lo que necesita.

La reunión en la sala María Pineda de las Cortes comienza cuando todos los consejeros toman asiento. Torcuato es directo:

—Arias ha presentado su dimisión al rey.

La noticia causa sorpresa. El presidente explica el procedimiento que se ha de seguir: el Consejo debe dar el «oído» a la noticia y convocar un nuevo pleno para preparar al jefe del Estado una terna de candidatos para suceder a Arias. No hay tiempo que perder. La reunión constará de dos sesiones: al día siguiente por la tarde y el sábado por la mañana. Fernández-Miranda lo tiene todo diseñado, y todo está saliendo según lo previsto. Es muy importante tomar la delantera al búnker e impedir que se organice. En caso contrario, será muy difícil, si no imposible, colar al candidato del rey en la lista de tres.

Finalizada la reunión, a las 18:21 horas la agencia Europa Press distribuye un teletipo con la noticia: «No oficial, el presidente Arias ha dimitido». Se desatan las especulaciones sobre quién será el sucesor. *El País* lanza una lista de cinco: los civiles Areilza, Fraga y Fernández-Miranda, y los militares Gutiérrez Mellado y Vega Rodríguez. Nadie piensa en Adolfo Suárez.

¿Y Arias? Antes de la reunión del Consejo del Reino, tras abandonar el Palacio Real, ha vuelto a su despacho. A las dos de la tarde convoca telefónicamente un Consejo de Ministros extraordinario para última hora, a las ocho. Los miembros de su Gobierno están expectantes, porque esa reunión extraordinaria se iba a celebrar sólo trece horas antes de la cita ordinaria de los viernes por la mañana. Piensan que debe ser importante, pero no saben nada. Acto seguido, el dimitido jefe del Ejecutivo acude al restaurante Jockey, a escasos metros de su despacho, para almorzar con dos amigos, ambos políticos, a los que saluda con un elocuente «estáis hablando con el expresidente del Gobierno».

Los tres comieron lo mismo: lubina, escalope de ternera, helado y tinto de la casa. Arias pidió discreción:

—Sois los primeros en saberlo. No lo saben ni siquiera los ministros. Ni siquiera mi mujer[1].

¿Y por la tarde? En círculos periodísticos se comenta que Arias había aprovechado la tarde para ir al Valle de los Caídos. Sea cierto o no, es verosímil.

A las ocho de la tarde, los ministros van llegando al palacete del paseo de la Castellana 3. En la puerta, las cámaras de televisión y los periodistas tienen dos objetivos claros: José María de Areilza y Manuel Fraga. Son los favoritos. A las 20:10 horas se abren las puertas del salón del Consejo y aparece un presidente dimitido y triste. Se dirige a sus ministros durante cinco minutos en los que trasluce un sentimiento de amargura. Les agradece su colaboración, pero no a todos por igual. Hay tensión en el ambiente, especialmente con José María de Areilza:

—Bueno, tú ya sabes lo que va a ocurrir, no te voy a dar ninguna noticia. A ti ya te lo habrá dicho quien puede decírtelo[2].

Arias se despide de sus ministros, que entienden que no se trata de una dimisión, sino de un cese. Uno por uno les va dando un abrazo, excepto al ministro de Asuntos Exteriores, al que le da la mano. Le atribuye cierta responsabilidad en lo sucedido. Finalizado el Consejo, el Gobierno distribuye una nota que oficializa una jornada de infarto: «En

---

[1] *Historia de la Transición. Diez años que cambiaron España, 1973-1983*, primera parte, Diario 16, Madrid, 1985.

[2] Victoria Prego, *Así se hizo la Transición*, Plaza & Janés, Barcelona, 1995, pág. 488.

el día de hoy, Su Majestad el Rey, oído el Consejo del Reino, ha tenido a bien aceptar la dimisión que, a petición propia, le ha solicitado el presidente del Gobierno, don Carlos Arias Navarro».

Al día siguiente la prensa no critica el cese de Arias. Ni los diarios más aperturistas ni los de toda la vida. Arias no convencía a casi nadie. Y, a pesar de la inestabilidad que genera el cese, los mercados reciben la noticia con optimismo. La Bolsa sube.

36
«LO QUE EL REY ME HA PEDIDO»

—¿Quiénes son los favoritos?

La prensa, ahora sí, espera a la puerta del Consejo del Reino minutos antes del comienzo de la sesión definitiva para nombrar la terna, confiando en arañar algo de información. En cuanto aparece Fernández-Miranda lo ametrallan a preguntas.

—Nunca la pregunta es indiscreta —responde el presidente, conjurado consigo mismo para no decir absolutamente nada.

Es sábado 3 de julio y son las 9:35 horas de la mañana. Empieza la sesión para elegir a la terna de candidatos a presidente del Gobierno. En las últimas horas, el rey ha constatado con satisfacción que nadie tiene la más mínima sospecha de quién es la persona elegida. Del tal Suárez no se acuerda nadie.

Esa mañana, Areilza y Fraga reaccionan de forma opuesta. El ministro de Asuntos Exteriores está en su casa y tiene amplias esperanzas en ser el elegido: por sus conversaciones con el rey, por sus confidencias con Fernández-Miranda, incluso por el trato que le dispensó Arias Navarro. José María de Areilza actúa desde el convencimiento de que va a ser presidente, y la presencia de periodistas a la puerta de su casa es otro argumento a favor. En cambio, Manuel Fraga actúa desde la certeza de que no lo va a ser: «De lo contrario —piensa— estaría ya enterado». Por eso, decide pasar el día en Zaragoza en cumplimiento de su agenda oficial como ministro de la Gobernación.

Areilza actúa en función del sí; Fraga actúa en función del no. ¿Y Adolfo Suárez? Alejado del mundanal ruido, el ministro secretario general del Movimiento está solo en su casa. La familia está de vacaciones y él se encuentra en la más absoluta de las soledades. Ningún medio de comunicación ha enviado a un periodista a su casa. Nadie.

El presidente de las Cortes dedicó la sesión de la tarde del viernes a mandar tres mensajes a los consejeros. El primero, hacerles partícipes de la «misión histórica» que se disponían a afrontar y resaltar su «independencia absoluta». El segundo, explicitar que no hay indicación alguna por parte del rey, instrucción que sí hubo cuando, en junio de 1973, ese mismo Consejo tuvo que elegir a Luis Carrero Blanco, y cuando, en enero de 1974, optó por nombrar a Arias Navarro. Y, hechas las indicaciones, el presidente anuncia que él no participará en la votación como muestra de neutralidad.

Fernández-Miranda lo tiene todo diseñado. Como catedrático de Derecho Político sabe que el resultado de una votación depende en gran medida del sistema elegido, así que planea un enrevesado sistema que, si todo sale bien, permitirá incluir a Suárez en la terna.

Torcuato entiende que el régimen se divide, básicamente, en tres familias: democristianos, tecnócratas cercanos al Opus Dei y falangistas. Cree que los consejeros serán dirigibles si ven que alguno de los suyos está en la lista. Pero, antes de empezar a poner nombres, momento crucial que quiere dejar para la sesión definitiva del sábado, el presidente pide a los consejeros que opinen sobre las cualidades que debe reunir el candidato. Les pide que, entre todos, construyan un retrato robot.

—Debe ser anticomunista, una persona con independencia tanto en España como en el extranjero, dotado de firmeza y capacidad de diálogo y con capacidad física y buena salud —señala el primero en intervenir, abriendo, sin saberlo, una puerta a las opciones de Suárez.

—Alguien con autoridad, que dé confianza y con experiencia —apostilla otro.

—Una persona abierta e integradora —añade un tercero para alborozo de Fernández-Miranda.

—Una persona mayor, capaz de un pacto social y economista —indica un consejero, asustando seriamente al presidente.

—Lealtad al rey.

—No debe ser militar —señala un consejero uniformado—, aunque sí bien recibido por las Fuerzas Armadas[1].

Más allá de los tópicos, que son muchos y diversos, la reunión del viernes finaliza con el presidente satisfecho. Cree que se han esbozado cualidades que pueden permitirle introducir sibilinamente la figura de Suárez, y considera que los consejeros se han sentido parte de una institución que funciona con independencia y sin presiones.

Sábado por la mañana. Comienza la sesión clave. El presidente se dispone a dirigir la votación, pues en ningún texto legislativo está recogido el sistema que se debe utilizar en estos casos: un vacío legal que no ha pasado desapercibido al

---

[1] Pilar y Alfonso Fernández-Miranda, *Lo que el Rey me ha pedido,* Plaza & Janés, Barcelona, 1995, págs. 202-213.

catedrático que es. Pide a los quince consejeros que escriban en una papeleta sus tres favoritos. El resultado es una lista de treinta y dos nombres. La primera criba consiste en ir leyéndolos uno a uno en voz alta, de modo que quien no sea defendido por un consejero sale de la lista. Así caen Manuel Fraga, uno de los preferidos de la prensa, y otros doce nombres. El segundo filtro es eliminar a los que no sumen ocho votos: cae Areilza, el gran favorito. Torcuato constata que haber apostado por alguno de los dos habría tenido un coste elevadísimo. Su plan va sobre ruedas, pero aún hay riesgos: quedan nueve candidatos.

En ese momento, Fernández-Miranda propone a los consejeros que los supervivientes sean agrupados por familias: democristianos, tecnócratas y falangistas. A Suárez lo incorpora al último grupo en calidad de ministro secretario general del Movimiento. El siguiente paso es eliminar a uno de cada familia, de modo que quedan seis.

La sesión es prolija y el cansancio va haciendo mella. Un consejero pide que se continúe por la tarde, pero Torcuato es inflexible: «Me he comprometido a entregar una terna a Su Majestad y no saldré sin que la hayamos elegido».

Quedan seis: Fernández de la Mora y López Bravo por los tecnócratas; Federico Silva y Alfonso Álvarez de Miranda por los democristianos; y Rodríguez de Valcárcel, el veterano expresidente de las Cortes, y Adolfo Suárez, por los falangistas. Torcuato tiene claro que saldrán López Bravo y Federico Silva, y cree que no habrá problema con Suárez, pues, aunque Valcárcel cuenta con un prestigio y una experiencia infinitamente mayor, tiene mala salud y no dispone de la energía que exige el reto de ser presidente del Gobierno.

Todo va bien, pero, de repente, Fernández-Miranda se da cuenta de que puede haber un problema. Intuye que todos los consejeros van a votar a Federico Silva, y eso no puede ser, porque sería casi como imponer el candidato al rey. A la una de la tarde, y en contra de su propio criterio, el presidente anuncia un receso.

En las últimas horas, Torcuato pidió ayuda a algunos de los consejeros. Especialmente a Miguel Primo de Rivera, un político que será pieza importante en el futuro inmediato: consejero del Reino, miembro del Consejo Nacional, nieto del general que fue dictador entre 1923 y 1930, sobrino del fundador de la Falange, hombre de la confianza del rey y miembro destacado de esa nueva generación de políticos nacidos en los años treinta. Días antes ya le había solicitado que intercediera por su candidato con toda la discreción:

—Miguel, sea como sea tenemos que conseguir que Adolfo Suárez vaya en la terna. Por supuesto, no para presidente del Gobierno, sino que es conveniente que entre un hombre nuestro, que sea un hombre posible, nuevo, joven. Hay que convencer a una serie de consejeros.

Durante el receso, mientras el secretario del Consejo encarga a los ujieres que traigan del bar whisky y cubitos de hielo, Fernández-Miranda vuelve a reunirse con Primo de Rivera:

—Te pido que no votes a Silva porque creamos un compromiso al rey si le decimos que todos queremos a Silva[2].

Se reanuda la sesión. La última votación concluye con una terna: Federico Silva, Gregorio López-Bravo y Adolfo

---

[2] Testimonio de Miguel Primo de Rivera en *La Transición*, TVE, 1995, capítulo 10.

Suárez, pero nadie ha conseguido la unanimidad. Los consejeros están satisfechos con el trabajo realizado, y el presidente está encantado con el resultado obtenido. Son las dos y cinco de la tarde del sábado 3 de julio de 1976. Fernández-Miranda abandona la sala y se acerca a la prensa. Uno por uno estrecha la mano a todos los periodistas presentes, con quienes charla unos minutos. No hay información sobre lo sucedido en las últimas cuarenta y ocho horas. La pregunta es una, pero los informadores se la formulan de mil maneras distintas. El presidente, sonriente, no quiere dar detalles y decide responder con una frase que pasará a la historia y que, durante unas horas, desatará las especulaciones:

—Estoy en condiciones de ofrecer al rey lo que me ha pedido.

—¿El qué? ¿Una terna o un nombre?

El presidente ya desaparece al fondo del pasillo.

A esa hora, en el domicilio del ministro de Asuntos Exteriores, es tal el grado de convencimiento de que es el hombre del rey que cuando suena el teléfono se responde «por favor, no ocupe la línea, el presidente está esperando una llamada»[3].

Pero esa llamada nunca llega. El teléfono que sí suena pasadas las cinco de la tarde es el de la calle de San Martín de Porres, en el barrio de Puerta de Hierro. Descuelga Adolfo Suárez, habla el rey:

—¿Qué haces, Adolfo?

—Nada, señor. Estoy ordenando papeles.

---

[3] Victoria Prego, *Así se hizo la Transición*, Plaza & Janés, Barcelona, 1995, pág. 493.

—¿Por qué no te vienes un rato a la Zarzuela a tomar una copa y charlamos?[4].

El ministro Suárez coge su coche particular, un Seat 127 azul claro, y se dirige a la Zarzuela. En ese rato, no más de quince minutos, Suárez piensa que han pasado tres horas entre el final de la reunión del Consejo del Reino y la llamada del rey, tiempo más que suficiente para llamar al elegido. Por eso, teme que la suya sea una llamada de cortesía, aunque por otra parte piensa que tal vez le quiera ofrecer un ministerio. Tampoco le ha llamado Fernández-Miranda, a pesar de que en las vísperas del Consejo del Reino alimentó sus ambiciones. En la confianza mutua, Suárez le preguntó sobre sus auténticas posibilidades de ser presidente, y Torcuato le respondió con otra de sus frases: «Hay tréboles de cuatro hojas».

Cuando llega a palacio, Suárez se cruza con Fernández-Miranda, que sale del despacho del rey, pero no le dice nada. Al entrar, don Juan Carlos es directo:

—Adolfo, quiero que me hagas un favor.

—Señor...

—Quiero que seas presidente del Gobierno.

—¡Ya era hora!

El rey está feliz, Fernández-Miranda está feliz, Adolfo Suárez está feliz. Acaba de conformarse un triángulo virtuoso que marcará la política en perfecta coordinación durante el siguiente año. Don Juan Carlos tiene al fin a dos personas en los dos puestos clave para llevar a cabo su misión histórica. Le ha costado casi ocho meses.

---

[4] *Historia de la Transición. Diez años que cambiaron España, 1973-1983*, primera parte, Diario 16, Madrid, 1985, pág. 295.

El presidente de las Cortes tiene al fin a un hombre en el que confía para impulsar un plan político y jurídico que ha diseñado milimétricamente. Y Adolfo Suárez ha culminado su mayor ambición, ser presidente de Gobierno para cumplir el mandato del rey: conducir España a la democracia.

Es la hora de ponerse a trabajar y conviene hacerlo con un reparto de tareas (Jefatura del Estado, Ejecutivo y Legislativo), pero con una coordinación absoluta. Por eso, el triángulo virtuoso cenará todos los domingos para preparar la semana. No hay que dejar nada al azar.

37
«Qué error, qué inmenso error»

Poco dura la alegría en la casa del pobre. La oposición no da crédito, porque Suárez es el ministro secretario general del Movimiento, lo cual para la izquierda representa una clara intención continuista. En esos sectores no se entiende cómo el rey ha dejado escapar a José María de Areilza, un hombre que reúne el respeto del régimen y el de los antifranquistas. Adolfo Suárez no es muy conocido y apenas ha hecho declaraciones públicas.

La prensa, especialmente en los sectores más aperturistas, acoge con enormes críticas su nombramiento. La revista *Cambio 16,* la que quería cerrar Carlos Arias, recibe el nombramiento con «estupor absoluto y profunda decepción»; el diario *El País* publica un artículo del historiador Ricardo de la Cierva titulado «Qué error, qué inmenso error»; *Cuadernos para el Diálogo* apunta que «una vez más, la política se ha hecho de espaldas al pueblo». Y la revista *Posible* titula a toda página «Estado de decepción». El contrapunto lo pone el diario monárquico *ABC,* con un editorial menos concluyente, que pone el acento en la distancia generacional existente entre Suárez y Arias, y que recuerda el discurso netamente democrático que pronunció ante las Cortes cuando defendió la Ley de Asociaciones, hace menos de un mes.

Tras la mala acogida de toda la oposición y el rechazo mayoritario de la prensa, el tercer varapalo llega con la negativa de Areilza y Fraga a formar parte del Gobierno Suárez. Al día siguiente, ambos envían sendas cartas presentando su renuncia y ambos alimentan discretamente las críticas de la prensa al nuevo Ejecutivo. En realidad, todos los ministros decaen cuando cae el presidente, pero desde un punto de vista político, y objetivamente, es una mala noticia por la influencia que uno tiene en la oposición y la que el otro tiene en el régimen.

Suárez debe volar solo y debe actuar rápido. Por eso, decide dirigirse a los españoles por televisión tras la toma de posesión, aun antes de formar Gobierno. Lo hace sentado en el sofá de su casa, en una escenografía que es un salto hacia la modernidad. Su forma de expresarse también es innovadora porque se dirige al común de los ciudadanos y habla como ellos. Todo el mundo le entiende:

—Las preocupaciones de la nación son mis preocupaciones. Si a los españoles les preocupa encontrar un trabajo adecuado o que aumente el paro, a mí también. Si les preocupa la subida de los precios, a mí también. Si les preocupa no encontrar un puesto escolar adecuado para la educación de sus hijos, a mí también.

El presidente del Gobierno no elude el anhelo de progreso social que engloba todo lo anterior:

—Si la sociedad española aspira a una normalización democrática creo que nuestra obligación es tratar de conseguirla. Si se ha iniciado como tarea urgente la reforma política, vamos a llevarla a cabo con el realismo que nuestro tiempo exige.

Suárez insiste en que el Gobierno que se dispone a formar «no representa opciones de partido, sino que se constituirá en gestor legítimo para establecer un juego político abierto a todos». Por ello, señala una «meta última muy concreta»: «Que los gobiernos del futuro sean el resultado de la libre voluntad de la mayoría de los españoles».

—La Corona tiene una voluntad expresa de alcanzar una democracia moderna para España, una democracia en la que la libertad, la justicia, la participación y la paz y la cultura sean fruto del esfuerzo de todos y el resultado del que todos se beneficien.

Adolfo Suárez se identifica plenamente con la monarquía y establece una línea directa con el jefe del Estado. Hacia arriba, la línea está clara, pero hacia abajo no va a ser fácil formar ese Gobierno. Los desplantes de Areilza y Fraga no han sido los únicos, y en la opinión pública se extiende la idea de que Suárez no va a ser capaz de conformar un Ejecutivo. Para intentarlo, el presidente se va apoyar en Alfonso Osorio, que será su vicepresidente y a quien pide ayuda:

—De mis amigos políticos, ninguno salvo Fernando Abril va a ser ministro —le explica Suárez—. No tienen, desgraciadamente, imagen para este momento. Sí la tienen, por el contrario, los tuyos. Por favor, no me pongas también tú condiciones[1].

—Lo siento, pero es necesario, porque si te propongo, lo cual hago con máximo gusto, a mis amigos y correligionarios conjuntados desde hace años por la amistad y las coincidencias políticas, es necesario que no sean más tarde defraudados en su ideario político basado en el humanismo cristiano. Si, como espero, triunfamos en el empeño que

[1] Alfonso Osorio, *Trayectoria política de un ministro de la Corona,* Planeta, Barcelona, 1980, pág. 132.

hoy comenzamos de gobernar la transición política hacia una democracia desde la legalidad, tienes que estar dispuesto a acaudillar una gran formación de derecha democrática y de fondo cristiano.

—Condición aceptada, porque en el fondo soy un democristiano.

Adolfo Suárez y el vicepresidente Osorio van poniendo y quitando nombres y van haciendo llamadas. Encuentran reticencias porque algunos ex están haciendo campaña contra Suárez. Pero el presidente encuentra un apoyo importante en Osorio y en el grupo que este fundó ya en 1973: Tácito. Es un colectivo de personas de ideología democristiana que desde las postrimerías del franquismo han publicado artículos bajo seudónimo en una veintena de periódicos para defender una evolución política desde dentro y para crear un espacio de cambio político en el que pudieran situarse personas que habían vivido cómodas en el franquismo y personas que desde el rechazo al régimen no eran partidarios de rupturas. Durante unos años, el Grupo Tácito nutrió de argumentos al centro político, a la moderación y al cambio tranquilo (aunque no por ello lento).

—No me negarás que no te estoy dando mucho poder —le dijo Suárez a Osorio.

—Puedes estar tranquilo, porque no pienso ejercerlo en mi provecho.

El Gobierno nace rápido y cohesionado ideológicamente, pero débil ante la opinión pública. Por eso es necesario cerrar filas. Por eso, el primer Consejo de Ministros lo preside el rey, que no sólo muestra públicamente su respaldo, sino que se vincula a él. Del mismo modo que el Gobierno Arias cayó porque fracasó el plan reformista de Fraga, la monarquía estará seriamente amenazada si el Gobierno Suárez no cumple con su promesa de poner en marcha una reforma política que sitúe a España a la altura de los tiempos. Y el rey lo sabe:

—Obrad sin miedo —les dice por dos veces a los nuevos ministros de Adolfo Suárez.

El consejo es necesario por dos motivos: porque la magnitud del reto que tienen entre manos exige velocidad y acierto, y porque la opinión pública ha recibido a los ministros peor que al presidente. Son jóvenes y desconocidos, y la sorna española los bautiza como «un Gobierno de penenes», profesores no numerarios (PNN), aprendices, inexpertos. Las élites políticas y empresariales, con una media de edad muy superior, los miran con desprecio, pero Adolfo Suárez y su vicepresidente, Alfonso Osorio, lo han hecho a propósito, porque han querido que no haya ni rastro de personas que hubiesen participado en la Guerra Civil. Pero en ese primer análisis de la opinión pública, nadie o casi nadie cree que puedan aguantar mucho más allá del verano. La parte positiva es que hay tanto por hacer que no da tiempo a lamentarse. Osorio sugiere a Suárez que protagonice un acto que tenga impacto público: ser recibido por el presidente de algún país importante de Europa[2].

—¿En cuál? —pregunta Suárez.

—¿En Francia?

—Pero ¿cómo?

—Muy sencillo, pidiéndoselo al rey. Los dos conocemos la gran amistad que tiene con el presidente Giscard d'Es-

---

2 Idem.

taign. Por lo tanto, basta con que se lo plantees para que lo comprenda y te organice el viaje.

Unos días después, Adolfo Suárez es recibido personalmente por el primer ministro francés, Jacques Chirac, con quien mantiene una conversación de más de dos horas. Al salir, el presidente español anuncia que «es el comienzo de una serie de visitas de carácter personal que como jefe del Gobierno español deseo realizar a los jefes de Gobierno europeos». Por su parte, el primer ministro francés muestra su apoyo al nuevo Ejecutivo español. Un golpe de mano de Suárez que descoloca a sus críticos.

Lejos de amilanarse, el presidente no se va a entretener en disputas de poder. Toca ponerse a trabajar, porque las calles están calientes: desde hace pocas semanas, en España es legal manifestarse y reunirse.

38
LAS RELACIONES IGLESIA-ESTADO

Cuando el rey fue proclamado, las relaciones de España y el Vaticano no eran las mejores. El Papa estaba profundamente dolido, y así se lo espetó el 1 de abril al ministro de Asuntos Exteriores, José María de Areilza, cuando este acudió a visitarle al Vaticano:

—Durante años, el Gobierno español ha adoptado ante mí una actitud de permanente ofensa. Hasta tres veces supliqué clemencia en las últimas ejecuciones y fui despreciado.

Don Juan Carlos era consciente de eso, y también de que las relaciones tampoco eran buenas con la Conferencia Episcopal Española (CEE). Ni las de Francisco Franco ni las de Carlos Arias Navarro. El funeral del jefe del Estado había sido la última prueba de la enorme distancia existente entre el presidente del Gobierno y el cardenal Tarancón, presidente de la CEE.

En noviembre de 1975, el rey era plenamente consciente de la sociología española, un país profundamente católico, y de la importancia de contar con el respaldo de la Iglesia para el proceso político que se disponía a afrontar. En su primer mensaje, dedicó unas palabras a esta cuestión:

—El rey, que es y se siente profundamente católico, expresa su más respetuosa consideración para la Iglesia. La doctrina católica, singularmente enraizada en nuestro pueblo, conforta a los católicos con la luz de su magisterio. El respeto a la dignidad de la persona que supone el principio de la libertad religiosa es un elemento esencial para la armoniosa convivencia de nuestra sociedad.

En los primeros meses del Gobierno Arias, los ministros de Exteriores y de Justicia, Areilza y Garrigues, iniciaron un acercamiento para tratar de mejorar las relaciones Iglesia-Estado. La idea era firmar un convenio marco que permitiera modificar parcialmente el concordato, como ambos ministros le explicaron a finales de enero al nuncio de Su Santidad y al cardenal Tarancón[1].

—La Iglesia —les explicó Areilza— tiene una gran fuerza moral en España. A todos nos interesa que esa fuerza moral pueda realizarse con normalidad, sin perjuicios para nadie. Deben convencerse los sacerdotes de que su misión es espiritual. No pueden ni deben convertirse en líderes de los problemas temporales.

—Para conseguir esa distensión, que yo juzgo urgentísima —respondió Tarancón—, yo exigiría que antes de un mes se pudiesen nombrar los obispos de todas las diócesis vacantes, y que se descongelase la nómina de los sacerdotes, porque no hay derecho a que mientras los sacerdotes cobren la nómina del Estado este les dé verdaderos jornales de hambre (cinco mil pesetas) mientras a los peones de la construcción se les reconoce catorce mil.

---

[1] Vicente Enrique y Tarancón, *Confesiones,* Editorial PPC, Madrid, 1996, págs. 863-891.

En ese primer semestre de 1976, las relaciones se van destensando. El 3 de marzo, los reyes invitan a comer a Tarancón al Palacio de la Zarzuela. Antes de entrar en faena, hablan de la juventud y de la seguridad social de los sacerdotes, y también de política. Don Juan Carlos muestra una mayor preocupación por la extrema derecha —dado que aún mantiene algunos resortes de poder— que por el comunismo, en cuya amenaza el cardenal entiende que el rey no cree.

Don Juan Carlos pregunta si no será «peligroso» que renuncie al privilegio de presentación de obispos, pues en ocasiones se han producido problemas políticos porque hay sacerdotes que van más allá de lo estrictamente religioso. El cardenal responde explicando a los reyes la importancia que para la Iglesia tiene esta cuestión, ya que «el que haya buenos obispos no sólo interesa a la Iglesia, sino al Estado».

—Todos los españoles tenemos ahora el deber, a mi juicio, de procurar que se consolide la monarquía. Prácticamente, no tenemos otra opción si queremos que la evolución pueda producirse ordenadamente y sin grandes trastornos. Aunque la misión de la Iglesia no es la de apoyar a ningún régimen, sí es misión suya el procurar la convivencia pacífica y el progreso ordenado de la sociedad que, hoy por hoy, están condicionados a la monarquía. Tengan la seguridad de que encontrarán la máxima lealtad para ello en la jerarquía española y en la Santa Sede.

—Conviene que hablemos personalmente, sin intermediarios. Llámeme siempre que quiera. Yo me permitiré llamarle también cuando necesite una orientación o un consejo.

En el mes de julio, el rey don Juan Carlos renuncia formalmente al privilegio en el nombramiento de obispos, dando una gran noticia al Papa y al cardenal Tarancón. Y así, las relaciones Iglesia-Estado van poco a poco entrando en los cauces de la normalidad. El Vaticano desde fuera y la Conferencia Episcopal desde dentro se convierten en socios de los planes reformistas del rey.

39
Exilio, amnistía y libertad

—Un día dije que, al pisar España, vendría llorando y llorando estoy. No tengo más que una palabra: paz.

Habla Claudio Sánchez-Albornoz, ochenta y tres años. Historiador y político, fue ministro durante la Segunda República y presidió el Gobierno en el exilio entre 1962 y 1971. Acaba de aterrizar en Madrid tras cuarenta años de exilio. Es abril de 1976:

—Nos hemos matado ya demasiado. Entendámonos. No hay históricamente nada que resista el tiempo. Tendamos de una vez por todas la mano en la mano del adversario de ayer para discutir y dialogar en unas Cortes nuevas la suerte de España. Y basta.

Tras la muerte de Franco, empiezan a volver los exiliados que un día se prometieron no pisar España mientras permaneciera la dictadura. A partir de la primavera, los aeropuertos y las estaciones de tren empiezan a recibir a intelectuales, políticos y artistas de distintas edades e ideologías, comunistas principalmente, pero también liberales. El país que los vio nacer y que nunca olvidaron, no podía permitirse seguir adelante sin ellos, a pesar de que muchos se vieron arrastrados a morir en el exilio y eso es, ya, irremediable. El ministerio de Manuel Fraga sólo pone límites a la concesión de pasaportes a políticos comunistas muy señalados, Santiago Carrillo o Dolores Ibárruri, y esto va a generar un problema.

La vuelta de los exiliados es el símbolo más emocional de la España para todos que se abre tras la muerte de Franco, pero no es la única muestra de que algo ya ha cambiado. Tras la aprobación en mayo de las leyes de reunión y manifestación, la primera de las reformas que impulsó el ministro Fraga, las calles de España empiezan a poblarse de manifestantes. La primera movilización autorizada por el Gobierno tiene lugar a finales de junio en Madrid para advertir de la carestía de la vida, pero pronto es tomada por las reivindicaciones políticas:

—¡Amnistía y libertad, amnistía y libertad!

La misma semana en que es designado Adolfo Suárez, la izquierda convoca todo tipo de actos proamnistía. Las protestas laborales que marcaron el comienzo del año, con especial atención a los sucesos de Vitoria, deriva en una modificación del sindicalismo vertical del franquismo, pese a las resistencias de sus representantes y gracias al impulso del ministro de Relaciones Sindicales, Rodolfo Martín Villa. Un nuevo gesto de aperturismo que el Gobierno Suárez está dispuesto a llevar hasta el final.

Ya en verano se producen todo tipo de movilizaciones políticas. Detrás está la Platajunta, aunque no está sola: todas las organizaciones de oposición se suman a las marchas y con ellos cientos de miles de ciudadanos de toda España. Los cantautores salen también a la luz: Paco Ibáñez, censurado por el régimen a comienzos de los setenta, pronto hará giras por toda España. El *Canto a la libertad* de Labordeta se convierte en un himno, como toda canción que recurra a la palabra que mejor simboliza el anhelo de la sociedad española: «Libertad». Especial mención a una canción que canta Jarcha y que todo el mundo tararea: «Dicen los viejos que en este país hubo una guerra…».

El Gobierno de penenes se enfrenta a un reto difícil: canalizar todo ese caudal de movilizaciones, ese torrente que lleva cuarenta años reprimido, y, a la vez, mantener el orden social. Es un reto difícil, y la Policía se emplea con dureza, pero no se produce ningún escándalo ni remotamente parecido a los sucesos de Vitoria de tan sólo cuatro meses antes.

La libertad es un concepto abstracto, aunque la gente lo asocie con el hecho de votar, pero la amnistía es algo mucho más concreto. El Partido Comunista la demanda desde 1956, cuando publicó aquella declaración al cumplirse veinte años del golpe de Estado del general Franco contra la República. El Comité Central del PCE apostó ya entonces por la «reconciliación nacional»:

> Hay una nueva generación de españoles que no vivió la Guerra Civil, que no comparte los odios y las pasiones de quienes en ella participamos. Y no podemos, sin incurrir en tremenda responsabilidad ante España y ante el futuro, hacer pesar sobre esta generación las consecuencias de hechos en los que no tomó parte.

Veinte años después del alzamiento militar del 18 de julio de 1936, como lo bautizó el franquismo; diecisiete después del primero de abril de 1939, cuando el último parte oficial de la guerra anunciara que «cautivo y desarmado el Ejército Rojo, han alcanzado las tropas nacionales sus últimos objetivos militares. La guerra ha terminado»; y, exactamente, veinte años y un mes antes de que Adolfo Suárez fuera designado presidente del Gobierno… el partido que representaba la oposición en el exilio reclamó por escrito «una amplia amnistía que devuelva la libertad a los presos y permita la vuelta al país de todos los exilados políticos con plenas garantías».

En 1976 este reclamo vetusto de la izquierda se concreta en una petición a través de *Mundo Obrero,* su periódico de cabecera, en un editorial publicado el 14 de julio:

> El Partido Comunista no puede ser burlado con apariencias ni argucias. Ni Juan Carlos ni su Gobierno de segundones pueden salir al paso con «gracias» que equivalen a prolongar injusticias, ni vale encubrirse hipócritamente tras referencias a las resistencias del búnker... Si no hay AMNISTÍA TOTAL Y AHORA la responsabilidad recae plenamente sobre el Gobierno y la Corona. Amnistía es la condición primera de la reconciliación de los españoles y de la restauración de la libertad.

El Gobierno se siente interpelado y ve en esa reclamación una oportunidad. Sin embargo, ese día, ese mismo día, un Ejecutivo recién nombrado y que aún no ha presentado su programa en sociedad debe comparecer en las Cortes para defender un proyecto que es del Gobierno anterior. Estos desajustes son impropios de una democracia, pero nada extraños en un modelo autocrático como el que España, aún hoy, sigue siendo. Suárez se la juega antes de empezar.

40
SUÁREZ SE MUEVE

Habla el presidente de las Cortes:

—Señores procuradores. Con cortedad de palabras, pero no de sentimientos, deseo al comienzo de esta sesión expresar el saludo de la Cámara al nuevo Gobierno y a su presidente, Adolfo Suárez. Hacemos votos por el acierto de su gestión y le aseguramos la colaboración de todos en el servicio de España[1].

Es 14 de julio y Torcuato Fernández-Miranda es uno de los pocos políticos españoles que cree en Adolfo Suárez. En menos de una semana en el puesto, el presidente del Gobierno ha sido criticado por amplios sectores de la opinión pública, especialmente de la izquierda. Además, los ministros han sido ridiculizados, sobre todo desde el régimen, pero también por la oposición más beligerante. Amplias capas de la población española exigen al Ejecutivo que dé muestras de su voluntad reformista. Y el rey les ha pedido que obren «sin miedo».

Adolfo Suárez sabe que no hay tiempo que perder, pero antes le toca gestionar una herencia envenenada del Gobier-

---

[1] Diario de Sesiones de las Cortes (16 de julio de 1976) y Crónicas de *El País* y *ABC* del 17 de julio de 1976.

no que le ha precedido: el debate sobre la reforma del Código Penal para despenalizar la constitución de los partidos políticos. Hay que afrontar el debate que tumbó a Carlos Arias Navarro, que fue devuelto a la Comisión de Justicia y que ya ha vuelto al pleno. Los procuradores son los mismos y el problema es el mismo: qué partidos serán considerados ilegales. Pero el Gobierno es otro.

La propuesta del nuevo Ejecutivo es infinitamente más explícita que la que defendió el ya exministro Garrigues, pero sigue sin nombrar expresamente al PCE, como reclamaba el procurador Díaz Llanos al decir aquello de «llamemos al pan, pan y al vino, vino». El texto que ahora propone el Gobierno Suárez establece qué dos tipos de asociaciones serán declaradas ilegales: «Las que tengan por objeto la subversión violenta o la destrucción del orden jurídico, político, social o económico o el ataque por cualquier medio a la soberanía, a la unidad o a la independencia de la patria, a la integridad de su territorio o a la seguridad nacional» y «las que sometidas a una disciplina internacional se propongan montar un sistema totalitario».

En el hemiciclo aún hay dudas, pero menos que hace un mes. Cierra el debate el nuevo ministro de Justicia, Landelino Lavilla, que insiste en la idea de que la cesión a los inmovilistas es ya más que suficiente:

—El proyecto implica el mantenimiento del ilícito penal y la consiguiente condena de todas aquellas asociaciones, organizaciones y partidos políticos de todo tipo que tengan por objeto o se propongan la subversión o la destrucción de nuestro orden jurídico, político, social o económico, términos literales en los que se expresa el proyecto y descripción válida y suficiente.

El presidente de las Cortes llama a votación nominal y el proyecto sale adelante con 248 votos a favor y 174 en contra. El Gobierno lo ha conseguido, tal vez porque la redacción es más explícita, tal vez porque entre los ministros y la Presidencia de las Cortes se ha hecho un trabajo de persuasión. La parte positiva es que es bueno conocer quiénes son esos 174 procuradores que se oponen a la reforma, porque será a ellos a los que habrá que convencer en el futuro.

Suárez ha salvado el primer *match ball*. Dos días más tarde, ahora sí, el Consejo de Ministros está convocado a las cinco y media de la tarde para abordar con todo detalle su declaración programática. Esa mañana, Suárez preside en Castellana 3 una ponencia política con los ministros de Asuntos Exteriores, Justicia, Gobernación, Educación, Ciencia, Información y Turismo y Obras Públicas. En el edificio contiguo y gemelo de Castellana 5 hace lo mismo el vicepresidente Osorio, persona de la máxima confianza del presidente. En su caso, el planteamiento es económico y los ministros son los de Hacienda, Comercio, Industria y Agricultura.

La reunión del Consejo se prolonga durante casi siete horas, hasta las 00:29 horas, prueba de que el debate ha sido intenso. A las dos y media de la madrugada Adolfo Suárez abandona el palacio con semblante cansado, pero sonriente. La prensa aguarda entre impaciente y muy enfadada por la espera. Cerca de las tres de la madrugada comparece el ministro de Información y Turismo, Andrés Reguera Guajardo:

—El Gobierno expresa claramente su convicción de que la soberanía reside en el pueblo y proclama su propósito de trabajar colegiadamente en la instauración de un sistema político democrático basado en la garantía de los derechos y libertades cívicas, en la igualdad de libertades políticas para todos los grupos democráticos y en la aceptación del pluralismo real.

La comparecencia va acompañada de un documento de ocho páginas en el que el Gobierno se compromete a convocar elecciones generales antes del 30 de junio de 1977, en algo menos de un año. Es decir: los españoles estarán llamados a las urnas por primera vez en cuarenta años. Pero eso no es todo. El ministro cierra su intervención anunciando una medida largamente reclamada:

—El Gobierno tiene el propósito de elevar a Su Majestad el Rey la recomendación de que, en ejercicio del derecho de gracia, otorgue una amnistía aplicable a delitos y faltas de motivación política o de opinión tipificados en el Código Penal, y que en ningún caso se extienda a quienes hayan lesionado o puesto en riesgo la vida o integridad física de las personas.

Suárez se acaba de apuntar un tanto ante la oposición. A la mañana siguiente, el diario *El País*, que diez días atrás se posicionó manifestando el «inmenso error» que había sido nombrar a Suárez, eleva su editorial a primera página:

> Dijimos en su día, y no tenemos empacho en reiterarlo, que serán los hechos y no las palabras quienes avalen o no la gestión del Gobierno. Decimos hoy también, sencilla y claramente, que la declaración del Gabinete nos parece acertada y prometedora.

En sólo diez días, Adolfo Suárez ha dado la vuelta a la opinión pública y se ha ganado a la oposición liberal: «Por primera vez se reconoce que la soberanía nacional reside en el pueblo»[2], afirma Joaquín Satrústegui, referente de los liberales. Quienes siguen firmes son los comunistas y los socialistas, a pesar de que el Gobierno ha conseguido reformar el Código Penal sin referencia expresa al comunismo y a pesar de que se van a amnistiar los delitos políticos, como el PCE reclamó en 1956 y Marcelino Camacho exigió en las puertas de la cárcel cuando fue indultado por el rey sólo ocho meses atrás.

La partida de Suárez no ha hecho más que empezar: en menos de un año hay que convocar elecciones generales, y eso obliga a tener partidos políticos y exige que las Leyes Fundamentales de Franco ya no estén en vigor. El reto es jurídico y político, y ambos van de la mano. Toca ponerse a trabajar. Para el nuevo Gobierno agosto no será mes de vacaciones.

---

[2] Victoria Prego, *Así se hizo la Transición,* Plaza & Janés, Barcelona, 1995, pág. 513.

41

Deshielo con los socialistas

Felipe González Márquez, treinta y cuatro años. Líder del Partido Socialista Obrero Español (PSOE) desde 1974, cuando ganó el congreso de Suresnes (Francia). El 10 de agosto de 1976 dirige una organización ilegal. Esa noche, pocos minutos después de las diez, pulsa el timbre de la vivienda del ministro de Agricultura, Fernando Abril Martorell, en el barrio madrileño de Chamartín. Abre la puerta Adolfo Suárez.

Desde su nombramiento, el presidente fija como prioridad la apertura de conversaciones con los líderes políticos de la oposición, pero hay dos que son especialmente polémicos: los socialistas y el PCE. Otros, aunque considerados igualmente antifranquistas, no tienen el sambenito de enemigos de España. Así, en las últimas semanas, Suárez se ha reunido personalmente con los democristianos José María Gil-Robles o Joaquín Ruiz-Giménez, o con el secretario general del Partido Socialista Popular, Raúl Morodo, que dos años atrás había participado en París junto a Carrillo en el acto de presentación de la Junta Democrática. Pero no sólo eso, Suárez sabe que tampoco debe descuidar a los de dentro, y ha organizado encuentros con hombres fuertes del franquismo, como Cruz Martínez Esteruelas o Gonzalo

Fernández de la Mora, o con el monárquico José María Ruiz-Gallardón. Además, Osorio mantiene reuniones paralelas y Rodolfo Martín Villa se centra en otra operación relevante: la vuelta a España del presidente de la Generalitat en el exilio, Josep Tarradellas, para lo que se reúne con el joven político Jordi Pujol.

A principios de agosto, el Gobierno pone el foco en los socialistas porque en ese momento parece razonable que ellos sean el límite de la legalización. Por eso, en ese primer encuentro secreto con González, Adolfo Suárez despliega todas sus capacidades de seducción, que no son pocas.

—Puedes tratarme de tú —le dice en el descansillo nada más recibirle y darle un abrazo. El presidente tiene cuarenta y tres años, nueve más que el líder socialista[1].

El diálogo es extenso y cordial, y González percibe una diferencia sustancial con el encuentro que mantuvo unos meses atrás con Manuel Fraga cuando este era vicepresidente del Gobierno Arias. Aquel encuentro tuvo un punto de tensión porque Fraga les expuso su programa de reforma para que lo conocieran, lo aceptaran y se incorporaran, pero no para debatirlo.

—Yo no sé lo que usted pretende —le espetó Fraga—, pero yo soy el que manda y usted aquí no pinta nada.

—En poco tiempo es posible que yo esté en el poder y usted en la oposición —respondió González[2].

---

[1] *Historia de la Transición. Diez años que cambiaron España, 1973-1983*, primera parte, Diario 16, Madrid, 1985, págs. 307-308.

[2] Alfonso Guerra, *De Suresnes a la Moncloa*, Ediciones Novatex, Madrid, 1984, págs. 91-92.

El encuentro con Suárez es distinto. Es un cara a cara largo en el que ambos analizan la relación Gobierno-oposición, el proceso de legitimación y legalización de las fuerzas políticas y una reforma política que el Gobierno aún no ha diseñado. González se esfuerza en explicarle que «las diferencias subsisten» y que «la negociación será difícil». Es más, enmarca este encuentro en un bis a bis personal porque ha acordado el día anterior que las negociaciones de la oposición con el Ejecutivo se harán en bloque, y no uno por uno. Es la forma de mantener una posición de fuerza. Sentados en el sofá de Abril Martorell, que amablemente les ha servido una cerveza con unas almendras y los ha dejado a solas, ambos acuerdan seguir viéndose.

—Siempre tiene que reflejarse una actitud clara de defensa de la democracia sin ningún residuo autocrático y si, por casualidad, voluntad o intencionalidad el Gobierno quiere mantener residuos autocráticos, el partido tiene que salir al paso[3] —explica González a los suyos.

Unos días después, Suárez y González vuelven a verse las caras. Es 2 de septiembre. Ese mismo día, el presidente también se ve con Enrique Tierno Galván, el viejo profesor, catedrático con gran ascendencia en círculos intelectuales de izquierda y líder del Partido Socialista Popular (PSP).

Los contactos van bien, pero la oposición lo tiene muy claro: o todos son legalizados o ninguno participará en la operación del Gobierno. Esto sitúa todos los focos en el Partido Comunista de España.

---

[3] Testimonio de Felipe González a los dirigentes del PSOE en *La Transición,* TVE, 1995.

42

El PCE también se mueve

El Partido Comunista ha tomado una decisión trascendental: salir de la clandestinidad. Es 28 de julio. El lugar elegido es Roma, la capital de Italia, donde vive desde hace décadas el poeta Rafael Alberti, uno de los símbolos del exilio. El teatro Delle Alpi ha sido tapizado de rojo y tupido con rosas. En el escenario, un lema: «La democracia es indivisible. Amnistía para todos». Detrás de la mesa principal hay tres personas sentadas en el centro: Santiago Carrillo, secretario general, con traje y corbata; Dolores Ibárruri, *La Pasionaria,* de riguroso luto, y Marcelino Camacho, con una informal camisa blanca. En el auditorio, un centenar de miembros del Comité Central y el poeta abriendo el acto con un verso dedicado a Ibárruri: «Cantad, cantemos, cantad / Dolores de la esperanza / sueño de la libertad».

Habla La Pasionaria:

—Son bien conocidos los sacrificios de los comunistas españoles en la lucha por la democracia y la libertad, y nuestra constante aportación a esa lucha, así como el esfuerzo por desarrollar la teoría marxista adaptándola a las condiciones concretas de España.

Dolores Ibárruri lanza la idea de la adaptación a la situación española. El plato fuerte es el discurso de Carrillo, que empieza diciendo una verdad como un templo:

—Esta reunión prueba que todavía somos ilegales, y pese a ello nos decidimos a abandonar la clandestinidad.

El líder del PCE tiene muy claro la exigencia que marcan al Gobierno: su legalización para poder participar como uno más en el proceso que se está abriendo en España y del que todavía permanecen excluidos, al menos públicamente. Carrillo es consciente de la situación y sigue al detalle la actualidad política española. Lo que no sabe nadie es que la sigue desde un chalé en Madrid. Por eso, en esa reunión del Comité Central, que se prorroga clandestinamente durante tres días y que concluye con una rueda de prensa ante los medios españoles e internacionales, Carrillo insiste en una idea muy importante: el PCE es independiente, se enmarca en una ideología «eurocomunista» no soviética y no obedece «a ninguna disciplina internacional». Con esta idea se regatea una de las dos condiciones que establece el Código Penal recién reformado para ilegalizar partidos políticos.

Para finalizar, Carrillo exige que se le expida un pasaporte español, como le corresponde, al igual que a Dolores Ibárruri. Su plan es regresar legalmente a España a la vuelta del verano. Para finalizar, lanza un titular que llegará a España en cuestión de minutos:

—Yo llevo ya seis meses en España trabajando sin el permiso del Gobierno.

Carrillo tiene un plan teórico y un plan práctico. Está dispuesto a mover a su partido a posiciones que permitan pasar el corte de la legalización sin renunciar a los postulados de la formación. La respuesta teórica la desarrolla en un libro que escribe en esos meses y que se titulará *Eurocomunismo y Estado*[1], la plasmación intelectual de que su referente no es la Unión Soviética, lo cual es difícil de explicar a los más ortodoxos del PCE. El plan práctico es entablar algún tipo de relación con la España oficial. ¿Cómo? La estrategia de Carrillo es doble y la va a preparar con su íntimo amigo Teodulfo Lagunero, en cuyo chalé de Cannes pasa el mes de agosto.

Mientras disfrutan de unas soleadas vacaciones, entre refrigerios y baños en la piscina, Carrillo y Lagunero idean dos vías de acceso a Suárez. La primera es directa: Lagunero conoce al ministro de Educación, Aurelio Menéndez, con quien había compartido los tiempos de oposición a cátedra. La segunda es José Mario Armero, dueño de uno de los despachos de abogados más importantes de España. A Carrillo le parece bien, así que deciden que Lagunero viaje inmediatamente a Madrid.

En un día se reúne con los dos. A Menéndez le traslada un mensaje de Carrillo: quiere pasaporte español para poder volver a España. Si no, provocará un escándalo organizando una rueda de prensa internacional en Madrid.

Armero apenas conoce a Suárez, pero casualmente una hora más tarde tiene un almuerzo con Luis Jáudenes, director general en el Ministerio de la Presidencia. Línea directa con el ministro Osorio. Veinticuatro horas después, el propio ministro telefonea a Armero dándole luz verde para que contacte con Carrillo en calidad de intermediario. Armero

[1] Santiago Carrillo, *Eurocomunismo y Estado,* Crítica, Barcelona, 1977.

se lo toma como una misión personal y un día después aterriza en Niza (previa escala en París) para ir a ver a su amigo a Cannes. A las 8:30 horas de la mañana del 28 de agosto, Lagunero le recoge en el aeropuerto y lo lleva a ver a Carrillo. El recibimiento es acogedor, porque Carrillo sabe que Armero tiene experiencia como negociador.

El abogado afirma ante el líder del PCE que no se puede ignorar a su partido y defiende que exista un contacto permanente, aunque oficioso, con el Gobierno. Pero también advierte de que los comunistas deben ser conscientes del delicado proceso que está llevando a cabo el rey y que conviene que no haya provocaciones ni improvisaciones que impacienten a los sectores más inmovilistas. Por ello, le pide paciencia y diálogo[2].

Santiago Carrillo insiste en el pasaporte, explica que la imagen del PCE está muy deformada por décadas de propaganda franquista y concluye desmarcándose de nuevo de la Unión Soviética. Es más, apunta desde cuándo: la intervención en Checoslovaquia en 1968.

Dos días después, Armero está en el despacho de Adolfo Suárez en presencia de Osorio. Su mensaje es directo:

—Es conveniente mantener un contacto firme y periódico con un representante del Partido Comunista. Sería interesante que señales a una persona que te represente, porque Santiago Carrillo va a comunicarme quién es la que le representa a él.

---

[2] *Historia de la Transición. Diez años que cambiaron España, 1973-1983*, primera parte, Diario 16, Madrid, 1985, pág. 314. Este episodio bebe también del libro y la serie de Victoria Prego, y de Televisión Española, así como del libro de Joaquín Bardavío, *Sábado Santo rojo*, Ediciones UVE, Madrid, 1980.

El presidente del Gobierno aprueba el hilo abierto con Carrillo y designa a Armero intermediario en su nombre. Ahora es el líder del PCE quien debe indicar quién es el suyo. Unos días después, suena el teléfono de Armero. Al otro lado está Jaime Ballesteros, el hombre de Carrillo.

Cuando finaliza el mes de agosto de 1976, el Gobierno de Adolfo Suárez ha dado un paso trascendente para los planes democratizadores, un paso no carente de riesgos. Nadie debe saber que hay abierto un hilo de comunicación con el enemigo público número uno del franquismo. Pero el presidente del Gobierno está dispuesto a cumplir su misión: atraer a las izquierdas al sistema y convencer a las derechas de que el único cambio controlado es el que representa el Gobierno.

En política hay un valor insustituible: tener la iniciativa. Aunque los contactos con Carrillo se han producido por iniciativa de este, es Suárez el que los autoriza y quien maneja los tiempos. El presidente no está dispuesto a dar ese poder a la oposición, ni a la rupturista ni a la continuista. Su camino es el de la reforma.

43
Suárez en el laberinto

Desde la primera intervención pública, Adolfo Suárez ha mostrado su vocación reformista. Hay que ir a la democracia. La pregunta es cómo y la respuesta no es fácil, porque ni los juristas ni los políticos son capaces de encontrar una respuesta. Parece evidente que la idea de Manuel Fraga de ir paso a paso modificando la legalidad franquista es un error, a pesar de que se han conseguido ciertos avances. Por ejemplo, cuando cayó el Gobierno Arias había otras dos reformas parciales esperando para ser tramitadas: una de la Ley de Sucesión y otra, la más importante, de modificación de la Ley de Cortes y otras leyes fundamentales. Este proyecto es el que había rechazado el Consejo Nacional del Movimiento dos días después de que el Gobierno Arias fracasara en las Cortes, pero aún esperaba su tramitación.

Para estudiar el plan de reforma política, Adolfo Suárez constituye a principios del mes de agosto una comisión restringida de ministros, entre ellos importantes juristas: Landelino Lavilla, Andrés Reguera, Aurelio Menéndez, Enrique de la Mata, Rodolfo Martín Villa, Marcelino Oreja e Ignacio García. El día 9, el presidente les presenta dos alternativas:

a) Convocatoria de un referéndum que autorice al Gobierno a elaborar una Ley de Bases que concluya en la elaboración de una Constitución[1].

b) Llevar a las Cortes un proyecto de Ley de Bases con el fin de que el Gobierno estuviera autorizado para aprobar una Constitución que después sería sometida a referéndum.

La pregunta es: ¿primero elaborar una Constitución o primero convocar un referéndum? ¿Qué debe ir antes, las Cortes o el Gobierno? Los ministros no se ponen de acuerdo: es más, el ministro de Educación, Aurelio Menéndez, advierte incluso de la escasa viabilidad de una Constitución elaborada directamente por el Ejecutivo.

Las discrepancias son tales que Suárez decide saltar a otro punto: ¿conviene retirar del Consejo Nacional la reforma Fraga de modificación de las Leyes Fundamentales? De nuevo la división: unos ministros creen que sí, porque lo ven inviable; otros creen que no hasta que el propio Consejo de Ministros no apruebe un plan alternativo. Adolfo Suárez resuelve el empate manteniendo el proyecto a la espera de encontrar una solución.

En esos días, el presidente de las Cortes está de vacaciones en Asturias. Recibe noticias sobre las dudas que se ciernen sobre el Gobierno, que, a pesar de su claro ánimo democratizador y de su fuerte voluntad reformista, es incapaz de encontrar el camino. Sí, hay que ir a la democracia, pero ¿cómo?

El 15 de agosto, festivo en toda España, Suárez decide llamar personalmente a Fernández-Miranda para contarle

[1] Esta es la tesis que defendió Miguel Herrero y Rodríguez de Miñón, que años después sería uno de los padres de la Constitución.

que el Gobierno está en un laberinto. El presidente de las Cortes escucha y aunque no le gusta lo que oye sí agradece que se le haga partícipe de los problemas. Desde que preside la Cámara legislativa, Fernández-Miranda está tratando de imponer maneras democráticas a un sistema que aún no lo es: por eso, en el Consejo del Reino, los consejeros votaron con libertad, y de esa convicción nacen los cambios procedimentales introducidos en el funcionamiento de las Cortes. Y en ese ánimo, la iniciativa legislativa corresponde al Gobierno, que es el que debe llevar un proyecto de reforma a las Cortes, donde él se ocupará de que sea enmendado en la dirección correcta. Sin embargo, las cosas son como son y Fernández-Miranda decide actuar. Interrumpe sus vacaciones, se sube al coche junto a su mujer y vuelve a Madrid.

A partir del martes 17, los dos hombres del rey conversan largo y tendido sobre el problema en que se halla el Gobierno. El viernes 20, el Ejecutivo informa de una reunión que se prolonga durante más de cuatro horas y que la prensa recoge sin muchos detalles: «El presidente del Gobierno, Adolfo Suárez, recibió ayer por la tarde al presidente de las Cortes, Torcuato Fernández-Miranda, con el que sostuvo una extensa entrevista en la que, según la nota facilitada, "intercambiaron puntos de vista sobre diversas materias"», publica *El País,* que se lanza a especular sobre la primera entrevista que ambos mantienen tras las vacaciones estivales de este último:

> Previsiblemente, el presidente habrá informado al señor Fernández-Miranda del programa reformista en curso y del proyecto de presentar la reforma constitucional bajo la fór-

mula de Ley de Bases. También se habría tratado en la conversación la intención gubernamental de establecer la normativa electoral como decreto-ley. La Ley de Bases tendrá que pasar por las Cortes —oído el Consejo Nacional— y esta entrevista se encuadraría en el necesario cambio de impresiones entre los titulares del Ejecutivo y el Legislativo.

La prensa oye campanas, pero afortunadamente para el Gobierno, no son conscientes del problema de fondo.

Fernández-Miranda decide actuar. Junto a su esposa, se vuelve a subir al coche, pero esta vez para hacer un viaje más corto: a su casa de Navacerrada, en la sierra de Madrid. Ese fin de semana el político se pone el traje de catedrático y se encierra junto a su máquina de escribir Hermés para resolver la disyuntiva en la que se encuentran Suárez y sus ministros. Desde hace muchos años, él lo sabe: la reforma sólo puede ser un método jurídico político de devolución al pueblo del poder constituyente. Es el pueblo el que debe elaborar la Constitución, obviamente a través de sus representantes. Por tanto, lo que hay que convocar son elecciones libres y que el Parlamento resultante redacte una Constitución con la legitimidad de las urnas.

Pero no sólo eso: a diferencia de Fraga, Fernández-Miranda quiere que el gran cambio se haga en un solo movimiento jurídico y político. Un único proyecto de ley elaborado por el Gobierno y aprobado por las Cortes. Dicho de un modo sencillo: aprobar la octava ley fundamental del franquismo, en la que se establezca que las siete anteriores quedan derogadas y se convoquen elecciones libres. Un escrupuloso proceso en el que se pase de la ley franquista a la ley democrática y se devuelva al pueblo la soberanía.

¿Es eso posible? El catedrático sabe que sí, porque conoce muy bien la legislación franquista y sabe cuál es su talón de Aquiles: el artículo 10 de la Ley de Sucesión de 1947, aquella con la que Franco acabó con las pretensiones sucesorias de don Juan y se arrogó la capacidad de designar sucesor; aquella que propició que Pedro Sainz Rodríguez le dijera al padre de don Juan Carlos que mandara a su hijo a España como una apuesta de futuro. Ese artículo dice lo siguiente sobre las Leyes Fundamentales del régimen: «Para derogarlas o modificarlas será necesario, además del acuerdo de las Cortes, el referéndum de la Nación». Ese es el camino y sólo Torcuato lo sabe. Son diecisiete palabras que abren España a un camino político desde la legalidad vigente.

El gran obstáculo es que esa vía exige que dos tercios de las Cámaras deben aprobar la ley. Por eso, principalmente por eso, Fernández-Miranda le dijo al rey aquello de «quiero ser presidente del Gobierno, pero le seré más útil en la Presidencia de las Cortes». Ahí está la clave de la transición política a la democracia, y Fernández-Miranda lo sabía desde hacía muchos años. Es el momento de redactar esa octava ley fundamental.

44
De la ley a la ley

El presidente de las Cortes cambia la formalidad del traje por la chaqueta de punto, el boato del despacho oficial por una máquina de escribir blanca, y el equipo de asesores de las Cortes por la sola ayuda de su mujer, Carmen Lozana. Fernández-Miranda se siente libre, y escribe:

> La democracia no puede ser improvisada; ha de ser el resultado y el trabajo de todo el pueblo español. Nuestra dura historia contemporánea, desde las Cortes de Cádiz, demuestra que las creaciones abstractas, las ilusiones, por nobles que sean, las actitudes extremosas, los pronunciamientos o imposiciones, los partidismos elevados a dogma, no sólo no conducen a la democracia, sino que la destruyen[1].

En el preámbulo, Fernández-Miranda recuerda la historia de España, explica que el primer supuesto de la democracia es el imperio de la ley. El cuerpo consta de cuatro artículos y una disposición final que convoca elecciones y mandata a los representantes elegidos en las urnas a elaborar

[1] Pilar y Alfonso Fernández-Miranda, *Lo que el Rey me ha pedido,* Plaza & Janés, Barcelona, 1995. Anexos: Borrador de la Ley para la Reforma Política, pág. 278.

una Constitución, con la vocación de que sea la primera de la historia de España pactada por todos: «Sólo partiendo de la realidad social existente y de la historia asumida se puede alcanzar la democracia como forma estable de convivencia civilizada en paz y conforme a leyes».

Así se habrá llegado a unas Cortes legítimas a través de la ley. Legalidad y legitimidad, ese es el camino jurídico que el catedrático redacta en su retiro durante un fin de semana de agosto. El borrador del proyecto de Ley de Reforma Política establece que una vez aprobado por las Cortes deberá ser ratificado por el pueblo español en referéndum.

En la mañana del lunes, de nuevo con traje y corbata, Fernández-Miranda acude a su despacho en las Cortes y llama a Juan Sierra, jefe del gabinete técnico. Le entrega el borrador para su corrección y le pide que lo lea detenidamente.

—Esto es lo que va a abrir la puerta a la evolución y a la reforma, esto es lo que se necesita.

—Sí —responde Torcuato—, pero ahora es necesario que lo aprueben las Cortes[2].

Unas horas después, Fernández-Miranda se reúne con Adolfo Suárez y le entrega el documento pronunciando una frase llena de significado político y democrático:

—Aquí tienes esto que no tiene padre.

El presidente ya tiene la llave de la transición y Fernández-Miranda le transmite todo el protagonismo. Es el momento de contárselo a los españoles y a las distintas oposiciones.

Adolfo Suárez entra en la sala del Consejo de Ministros. Estaba previsto continuar con el debate sobre la reforma,

[2] Declaraciones de Juan Sierra en *La Transición,* TVE, 1995, capítulo 10.

pero algo ha cambiado. Para sorpresa de todos, el presidente les entrega un documento que les presenta como la solución. El texto es acogido mayoritariamente con entusiasmo por el Gobierno, que decide crear una nueva comisión para su perfeccionamiento técnico: en absoluta coordinación Gobierno-Cortes, se modifica levemente la composición del Senado, se cambia el nombre a la norma (proyecto de Ley «para la» y no «de» Reforma Política) y se pulen detalles menores. La esencia del borrador se mantiene en el proyecto que aprueba el Consejo de Ministros.

Dos semanas después, el 10 de septiembre, el presidente Suárez comparece ante los españoles por televisión. Lo hace, de nuevo, sentado, pero esta vez no en el sofá de su casa, sino en la sede de la Presidencia del Gobierno. La oposición, el búnker, el Ejército, la prensa y la comunidad internacional están muy atentos. Escoltado por dos micrófonos, un vaso de agua y unos cuantos folios, Suárez convoca al pueblo español «a una tarea de protagonismo y solidaridad»:

—Me presento ante ustedes para darles cuenta del proyecto de Ley para la Reforma Política.

Dos meses ha tardado el Gobierno Suárez en aprobar su proyecto de reforma política, muestra inequívoca del ritmo que el Ejecutivo del rey está imprimiendo a los acontecimientos para «dar la palabra al pueblo español».

—Hemos conectado con muchos de los grupos políticos más significativos que existen en España y que ofrecen alternativas estimables, sean de derecha, de centro o de izquierda, para escuchar con respeto sus puntos de vista. Pero la opinión pide hechos y con hechos queremos responder.

Suárez explica que la soberanía nacional reside en el pueblo y se compromete a que el pueblo hable cuanto antes gracias a un proyecto «sencillo y realista» que trata de ser el cauce formal para que el pueblo sea el protagonista:

—Evidentemente —admite Suárez—, podíamos sentir la tentación de redactar una Constitución completa y definitiva reguladora de todos los aspectos de la vida política, pero hemos preferido sin embargo dar paso a la legitimidad real de los grupos y partidos por medio del voto.

El presidente pronuncia la palabra «elecciones» y señala que, efectivamente, esa es la clave del proyecto. «Las Cortes, compuestas por Congreso y Senado, serán elegidas por sufragio universal, directo y secreto en todo caso antes de junio de 1977»:

—Con ello comenzamos a convertir en realidad lo que ya dije en otra ocasión: elevar a la categoría política de normal lo que para la calle es simplemente normal, quitarle dramatismo y ficción a la política por medio de unas elecciones.

La velocidad con la que Suárez va normalizando palabras, ideas y conceptos propios de una democracia liberal es apabullante. Pero los recelos continúan: la prensa no se acaba de fiar, la oposición se mantiene firme y el búnker duda. Las cosas van muy rápido y hay un estamento en el que el descontento es creciente. Alarmantemente creciente. El Ejército español.

En un país que ha vivido decenas de golpes de Estado militares en los últimos dos siglos (el último, el del general Franco del 18 de julio de 1936) no es cosa menor. Por eso, Adolfo Suárez tomó la decisión de convocar a todos los tenientes generales en activo un par de días antes. La cúpula militar en el centro del poder civil. Es 8 de septiembre.

45

La primera gran crisis militar

—Alguien está improvisando demasiado.

El 21 de septiembre, el Gobierno va a sufrir su primera gran crisis. Un ministro importante presentará su dimisión por estar en desacuerdo con el plan reformista. Cuando formó su equipo, el presidente Suárez decidió mantener los tres ministerios militares, así como la vicepresidencia primera para Asuntos de la Defensa. Siguió al frente de ella el teniente general Fernando de Santiago, como en tiempos de Carlos Arias. Bajo su coordinación, los ministros del Ejército, del Aire y de la Marina.

Unos días antes, el 8 de septiembre, al palacio de la Castellana fueron llegando una treintena de altos mandos militares: además de los miembros del Gobierno, los capitanes generales de los tres Ejércitos y de todas las regiones, los tres jefes del Estado Mayor, el director general de la Guardia Civil, el presidente del Tribunal Supremo de Justicia Militar... A Suárez el lenguaje y las maneras militares no le son ajenas porque hizo las milicias universitarias como alférez de Infantería durante seis meses.

El presidente los convocó antes de que fuera aprobada la reforma política para explicarles de primera mano cuáles eran sus planes, y lo hizo con el mayor despliegue posible de seducción y simpatía. Les aseguró personalmente que la unidad de España no corría peligro, que no habría espacio para los movimientos separatistas, pero que sí tenía previsto legalizar las centrales sindicales y los partidos políticos. Fue él mismo quien planteó la cuestión más polémica: el Partido Comunista.

En ese punto el presidente del Gobierno calculó muy bien sus palabras. No les mintió, pero tampoco les dijo toda la verdad. Lo que vino a afirmar es que, si la ley impedía que el Partido Comunista fuera legal, no sería legalizado. Lo que no les dijo es qué pasaría si la ley cambiaba o si los comunistas se movían, aunque fuera un poco, hacia la moderación. A pesar de esa calculada ambigüedad en el punto más escabroso, la reunión se desarrolló durante tres horas en una agradable cordialidad. Incluso hubo un militar que le espetó amablemente: «Viva la madre que te parió».

Aparentemente, todo había ido bien, pero la realidad era otra. Trece días después, el vicepresidente primero toma una decisión que desembocará en la primera crisis seria para Adolfo Suárez: el teniente general De Santiago presenta su dimisión porque entiende que en esos dos meses se está desmontando el régimen de Franco. Desde una perspectiva autoritaria o antidemócrata, tiene toda la razón: se ha aprobado una amnistía, se van a legalizar los sindicatos y los partidos políticos, la soberanía nacional se va a entregar al pueblo y, aunque desconoce los contactos con Carrillo, sabe que el ministro de Relaciones Sindicales se ha visto con los líderes de Comisiones Obreras. El vicepresidente primero decide dar un paso atrás y así se lo explica al ministro de la Presidencia, Alfonso Osorio:

—Quiero la paz, quiero la convivencia, quiero la reconciliación nacional, pero tú eres joven y no viviste los años de nuestra guerra. Estoy deseando equivocarme, pero alguien está improvisando demasiado y no lo digo por ti, que conste.

¿Se refiere el vicepresidente al presidente? ¿O tal vez al rey? Fuera quien fuera, Adolfo Suárez no sólo acepta la dimisión, sino que lo sustituye por otro militar, sí, pero con un perfil completamente distinto. El general Gutiérrez Mellado es un liberal que gusta mucho a la opinión pública más aperturista y que cae bien en la izquierda, aunque el agraciado intenta enmarcarlo en un «acto de servicio». Suárez redobla su apuesta.

Pero De Santiago no se quedará en el prudente silencio que mantuvo el 8 de septiembre, ni en las cordiales palabras que le dedicó a Osorio el 21. Al día siguiente decide enviar una carta privada a los militares de su generación para explicar las causas de su dimisión:

> El Gobierno prepara una disposición, posiblemente con rango de decreto-ley, al que me he opuesto infructuosamente, por la que se autoriza la libertad sindical, lo que supone, a mi juicio, la legalización de las centrales sindicales CNT, UGT y FAI, responsables de los desmanes cometidos en la zona roja, y de las Comisiones Obreras, organización sindical del Partido Comunista.

El exministro atribuye su dimisión a la conciencia y al honor, y se niega a responsabilizarse de tales medidas. La carta circula a toda velocidad por los cuarteles, y en algunos incluso se lee en alto: «La evolución política de nuestra patria está discurriendo por unos cauces y con un planteamiento con el que no me siento identificado».

La decisión de De Santiago moviliza al búnker militar, que hasta ahora se había mantenido expectante. El primero en reaccionar es el teniente general Iniesta, el mismo que en 1973, después del atentado de Carrero Blanco, envió un telegrama a los cuarteles de la Guardia Civil para que respondieran con las armas a cualquier acto subversivo. En aquel momento le frenó los pies el entonces presidente en funciones, Fernández-Miranda. Hoy, Iniesta escribe un artículo en el periódico inmovilista *El Alcázar*.

> Nada podía extrañarnos tu firme decisión de renunciar al elevado cargo que ocupabas cuando llegó un momento en el que continuar hubiera sido incompatible con la seria promesa y el sagrado juramento que prestaste cuando accediste a él. Tu lección es impagable.

El mensaje es bidireccional: por un lado, es una loa al ministro dimisionario, al que convierte en un referente; pero, por otro, es un señalamiento público al sucesor. El búnker señala a Gutiérrez Mellado como un traidor e incluso trata de ridiculizarlo. Los periódicos más radicales empiezan a denominarlo El Guti o El Señor Gutiérrez. Pero el nuevo vicepresidente para Asuntos de la Defensa no se amilana y Suárez, tampoco.

El presidente toma una decisión que revela su fortaleza, pero se precipita. Aprueba en Consejo de Ministros un decreto-ley por el que manda a la reserva a De Santiago y a Iniesta Cano, una decisión que no se ajusta a derecho. Inmediatamente, el Gobierno se ve obligado a rectificar. Más revuelo en los cuarteles.

Aun así, el Gobierno no se arredra. El vicepresidente tiene un plan para modernizar las Fuerzas Armadas:

> Seamos conscientes: somos uno de los Ejércitos más viejos del mundo. Las naciones tienen el Ejército que se merecen [...] el Ejército debe ser una verdadera simbiosis entre el mismo y la sociedad [...] es imprescindible que las Fuerzas Armadas cuenten con el apoyo, respeto y afecto de aquella, quedándose aparte de las preferencias políticas partidistas. Las Fuerzas Armadas pertenecen a la nación, a todo el pueblo y no a un grupo concreto.

El pensamiento del vicepresidente recuerda a esa opinión del rey que un diplomático norteamericano trasladó a la Casa Blanca cuando don Juan Carlos viajó a Estados Unidos: «El Ejército es una fuerza militar arcaica». Por todo ello, el vicepresidente pide a «mis compañeros» que permanezcan «fuertemente unidos a las órdenes del Gobierno y de nuestro comandante supremo, que es el rey, para dedicar nuestra vida entera al servicio de la patria»[1].

El Gobierno va con todo, pero los cuarteles son un polvorín, una amenaza latente que apela al jefe supremo de las Fuerzas Armadas y principal impulsor de la reforma: el rey.

---

[1] *Historia de la Transición. Diez años que cambiaron España, 1973-1983*, primera parte, Diario 16, Madrid, 1985, pág. 323.

46
EL TERRORISMO DE ETA

A las dos y cuarto de la tarde un comando de la banda terrorista ETA abate a tiros a José María Araluce, presidente de la Diputación de Guipúzcoa, procurador en Cortes y consejero del Reino, y a los cuatro policías que le acompañan. El asesinato es especialmente impactante porque se produce a plena luz del día en el paseo de la Concha de San Sebastián, porque la víctima es un alto cargo del Estado y porque los tres terroristas lo acribillaron junto a sus escoltas en la puerta de su casa, donde su familia pudo escuchar los disparos. Es 4 de octubre de 1976.

Desde 1974, la banda terrorista ha incrementado su actividad criminal y sobre todo los asesinatos: ese año mata a dieciocho personas, una más que en 1975 y que en 1976. Antes y después de Franco, ETA mata igual. Quiere participar en el proceso de reforma, pero no para influir, sino para reventarlo.

La banda terrorista, que goza de ciertas simpatías en el antifranquismo, tampoco quiere la democracia. Su objetivo es una república socialista para Euskadi, para lo que ellos entienden como el País Vasco. Independientes de España y fusionando las tres provincias vascas, Navarra y el País Vasco francés. Aunque allí no se atreven a actuar.

Esa tarde, Suárez convoca un Consejo de Ministros extraordinario. Como ha hecho habitualmente, se niega a declarar el estado de excepción, pero envía al ministro de la Gobernación, Rodolfo Martín Villa, a TVE para que explique a los españoles los motivos por los que no se va a entrar en el juego acción-reacción que buscan los terroristas.

—El orden y la libertad no son cuestiones que se contraponen, sino que se necesitan —explica el ministro antes de tranquilizar a los más exaltados del régimen—: se emplearán con todo rigor, como es lógico, todas las posibilidades que nos da la legislación antiterrorista[1].

Al día siguiente, el presidente del Consejo del Reino y todos sus consejeros acuden a la iglesia del Buen Pastor de San Sebastián, donde por la tarde se va a celebrar el funeral. Fernández-Miranda impone la Gran Cruz de Isabel la Católica sobre el féretro de Araluce.

—La impresión que siento ahora no se explica con palabras, sino con silencio. Yo conocía a Juan María Araluce. Tenía de él una creciente opinión. Estoy impresionado[2].

La prensa plantea al presidente de las Cortes la pregunta que se hace toda España ante la brutalidad del terrorismo. ¿Hay riesgo de que afecte a la política del Gobierno?

—No lo he pensado. Este es un momento de respeto. El Gobierno ya ha dicho que afrontará los problemas desde la firmeza y la serenidad.

Efectivamente, la respuesta del Estado es firme, pero serena. La comparecencia de Martín Villa en televisión y la

---

[1] Victoria Prego, *Así se hizo la Transición*, Plaza & Janés, Barcelona, 1995, pág. 549.

[2] «Repudiamos la dialéctica de la violencia», *Pueblo*, 6 de octubre de 1976.

presencia en el funeral de varios ministros y de todos los consejeros del Reino es una importante muestra de unidad, esencial para hacer frente al terrorismo.

La ceremonia acaba con gritos contra los comunistas y los terroristas y en favor de Franco y del Ejército. Los más inmovilistas quieren mano dura.

La violencia es un elemento que pone en riesgo el plan reformista del rey.

47

La «miserrima oposición»

La Ley para la Reforma Política llega a las Cortes[1]. El presidente lo tiene todo preparado: será un pleno de tres sesiones, los días 16, 17 y 18 de noviembre, justo antes de que se celebre el primer aniversario de la muerte de Francisco Franco. El pleno se retransmitirá por televisión, para que todos los españoles puedan ver qué dicen y, sobre todo, qué votan los 540 procuradores. Es más, la votación será nominal, de manera que tendrán que retratarse no sólo ante Dios y ante la historia, sino también ante los españoles.

El presidente lo tiene todo diseñado. Como un director de orquesta, se dispone a organizar un pleno que se promete intenso, pero que será rápido. La expectación política es máxima porque lo que se va a dilucidar en el palacio de la Carrera de San Jerónimo no es ni más ni menos que la derogación del régimen jurídico que sostuvo el franquismo y la convocatoria de elecciones libres para elegir unas nuevas Cortes, estas democráticas, con el mandato de constituir un nuevo régimen político. Dicho de otra manera: los procuradores tendrán que decidir acabar con su *statu quo*.

[1] Diario de Sesiones de las Cortes, 16, 17 y 18 de noviembre de 1976.

En lo personal, que en este caso no es lo más importante, pero que, como todo en la vida, juega un papel relevante, Torcuato Fernández-Miranda se enfrenta al gran acto que da sentido a su vida pública: si como jurista ha sido el autor del borrador de la ley, y lo pudo hacer porque durante décadas estudió a fondo la arquitectura jurídica franquista, como político se ha esforzado en conocer uno a uno a todos los procuradores que ahora tendrán que posicionarse. Por eso aceptó en 1968 ser ministro secretario general del Movimiento, y por eso aceptó en 1973 ser vicepresidente del Gobierno. Y por eso, en los últimos meses, ha ido preparando las Cortes para que todo pueda salir bien: el procedimiento de urgencia, con el fin de que el debate fuera rápido y directamente al pleno; la conformación de grupos parlamentarios, para dividir al búnker, y la selección meticulosa del equipo de cinco personas que defenderían el proyecto ante el hemiciclo.

Igualmente, el presidente Suárez, que es quien en primera persona presenta el proyecto de ley, sabe que se la juega: o todo o nada. Si el proyecto sale adelante, empezará una nueva etapa para el Gobierno, que contará con poco más de siete meses para organizar unas elecciones libres. Si las Cortes lo frenan, el esfuerzo de los últimos cuatro meses habrá caído en saco roto y los agoreros que criticaron su nombramiento y el de sus ministros de penenes habrán tenido razón.

Y el rey. Si el proyecto no sale adelante, el plan reformista de Juan Carlos I habrá fracasado. El búnker lo habrá devorado y la oposición, esa que le bautizó como «Juanito el Breve», habrá acertado en sus pronósticos. Sin embargo, existe una última red de seguridad: si las Cortes no avalan el proyecto, el rey podrá someterlo directamente al pueblo e imponer su criterio al de todas las instituciones del Estado, aunque esta opción no es deseable porque generaría enormes tensiones con los inmovilistas.

¿Y quiénes son esas personas que van a dirigirse a las Cortes de Franco para pedirles que voten contra sí mismos y por una España reconciliada? Fernández-Miranda lo tiene milimétricamente pensado, y así se lo confesó unos días antes a uno de ellos, Fernando Suárez, uno de sus más aventajados discípulos académicos que llegó a ser ministro durante nueve meses en el último Gobierno de Franco y que, en los últimos años del franquismo, había defendido posiciones claramente aperturistas.

—Quiero que estés en la ponencia de la Ley para la Reforma Política. Si tú aceptas, estarán en la Comisión los que tú quieras y, si no aceptas, no lo tengo pensado.

Es mentira. Todo está pensando, como le demuestra en cuanto dice que sí:

—Primero, nadie que haya hecho la guerra; segundo, una señora, Belén Landaburu; tercero, un grande de España, Miguel Primo de Rivera; cuarto, un sindicalista, Noel Zapico; quinto, Lorenzo Olarte, del Cabildo Insular de Canarias, y tú.

Y así es: la ponencia está formada por representantes de la grandeza, del tercio familiar, del tercio sindical y de la administración local. Es decir, la grandeza junto a los tres caminos de representación existentes en el modelo franquista: la familia, el sindicato y el municipio.

Y una cosa más: el presidente Suárez y sus ministros políticos, por un lado, y el presidente de las Cortes, por otro, llevan más de un mes hablando uno por uno con todos los procuradores para explicarles las razones de la reforma, los deseos del rey y su futuro político, con un argumento demoledor: «Bastante desgracia es que un régimen político haya nacido de una guerra civil para que tenga que terminar con otra»[2].

Por todo ello, Fernández-Miranda da comienzo al pleno:

—Por la ponencia tiene la palabra don Miguel Primo de Rivera.

Son las cinco y cinco minutos de la tarde del día 16. El sobrino del fundador de la Falange se dispone a defender la reforma política, y va a hacerlo porque cree en ella y porque cuenta con el respaldo del presidente de las Cortes y del rey. Unos días antes, don Juan Carlos le dijo: «Hombre, Miguel, pocos habrá en unas condiciones como las tuyas para terminar con las dos Españas»[3].

El ponente comienza estableciendo un marco entre los inmovilistas, que no admiten que se avance hacia una nueva legalidad partiendo de la legalidad vigente, y los rupturistas, que negando legitimidad al régimen de Franco quieren hacer borrón y cuenta nueva.

Pero entre estas dos posturas está la mayoría razonable de los políticos y el adivinable espíritu del pueblo español que entre las tres posturas posibles de inmovilismo, evolución o ruptura exigen la postura intermedia.

Nadie como Primo de Rivera para lanzar el siguiente mensaje a los procuradores que han de votar la reforma:

---

[2] Testimonio de Rodolfo Martín Villa en *La Transición*, TVE, 1995, capítulo 11.

[3] *Historia de la democracia, 1975-1995. Veinte años de nuestra vida,* El Mundo, Unidad Editorial, Madrid, 1995, pág. 332.

—La irrepetible autoridad política de Francisco Franco (al que desde aquí proclamo mi lealtad sin renunciar a mi devoción personal por él, a cuya sombra crecí y viví en paz, lo mismo que tampoco renuncio a mi condición joseantoniana) es indiscutible que hay que sustituirla por otra autoridad política. Quiero que el pueblo español me lo diga. Es precisamente ahora el momento de la consulta.

Defendido el proyecto, el presidente de las Cortes da paso a las dos enmiendas a la totalidad. Una la presenta José María Fernández de la Vega, procurador familiar por Toledo y presidente del Sindicato Nacional de Ganadería; la otra, por Blas Piñar, notario de carrera y uno de los pesos pesados del inmovilismo. Recientemente ha constituido Fuerza Nueva, un partido de derecha radical que se quiere erigir en el defensor de las esencias del franquismo. Por eso, comienza arremetiendo directamente contra el concepto mismo de reforma política:

—La palabra «reforma» es una palabra hueca, vacía, que puede alinearse con ideas muy diferentes y hasta contrarias.

Tras negar toda legitimidad al plan de reforma, Piñar no arremete contra el Gobierno y ni se le ocurre arremeter contra el rey. Su objetivo es otro, aquel a quien considera responsable del debate:

—Yo ruego al presidente de las Cortes que no tome a mal lo que le voy a decir, que no se enfade, que no agite la campanilla y que no me aplique el aparato ortopédico. —Risas en el hemiciclo—. Pero la verdad es que el presidente, a quien quiero y estimo hace muchos años, ha tomado postura en torno al tema que ahora nos reúne. Ha dicho, o así por lo menos lo recoge la prensa, que «es evidente que el cambio que se va a producir es radical», y que este cambio le «parece extraordinariamente positivo».

Blas Piñar está diciendo la verdad. El presidente de las Cortes ha tomado partido y lo ha hecho hace ya meses, cuando respondió a la pregunta de algunos procuradores sobre si era o no partidario de la reforma. La respuesta fue «evidentemente, sí».

—Me atrevo a pedirle que, después de su toma anticipada de postura, añadida a la elaboración de un trámite de urgencia sin el concurso del pleno, baje a su escaño para litigar sobre la legalidad o ilegalidad de la reforma y hasta la conveniencia o inconveniencia de los mecanismos correctores del proyecto, pasando la dirección de los debates a uno de los vicepresidentes de las Cortes.

Aplausos en el pleno. Blas Piñar ha querido señalar al presidente, con talento y buen humor, pero tratando de atraer a sus posiciones a los procuradores que aún en ese momento no tengan su voto decidido. El presidente hace caso omiso a la petición y da paso a la siguiente enmienda a la totalidad. El procurador Fernández de la Vega habla en nombre de diez procuradores:

—Todo estaba atado y bien atado. Atado con nudo insalvable para esa misérrima oposición que, con su resentimiento a cuestas, ha recorrido durante cuarenta años el camino de las cancillerías europeas denunciando el pecado de la paz y del progreso de España; alimentando los viejos, y al parecer eternos, prejuicios antiespañoles, con la sucia leña de la tiranía de Franco.

Su discurso es más vehemente, más llano y menos irónico que el de su predecesor, y respira por la herida de quien vive pensando que cualquier tiempo pasado fue mejor. Por eso, arremete contra la otra España, la que perdió la Guerra Civil en 1939.

—Pero no estaba atado, ni podía estarlo, para los de dentro, para los de casa, para los de los juramentos y los compromisos, y estos (ellos sabrán con qué legitimidad), simplemente, impunemente, han desatado el nudo.

Fernández de la Vega compra el marco que ha planteado Primo de Rivera, entre continuismo, reforma y ruptura, pero sitúa el proyecto en el último punto: los que quieren derribar «la gigantesca empresa nacional» que ha levantado Franco.

La respuesta por parte de la ponencia corre a cargo de Fernando Suárez, que, irónico y mordaz, comienza afirmando que durante unos días ha «abrigado» la esperanza de que no hubiera enmiendas a la totalidad:

—Lamento tener que consumir un turno en defensa de este dictamen, que ha sido tan elocuentemente presentado por don Miguel Primo de Rivera e impugnado tan firme y brillantemente por don Blas Piñar, y tan firme y malhumoradamente por el señor Fernández de la Vega.

Rumores entre sus señorías. Fernando Suárez mira a Fernández de la Vega:

—Quienes hemos dictaminado este proyecto de ley no vamos a intentar disimular, con piruetas de última hora, nuestras ejecutorias en el régimen. Pero hemos pensado siempre —y no desde hace unos meses— que los orígenes dramáticos del actual Estado estaban abocados, desde sus momentos germinales, a alumbrar una situación definitiva de concordia nacional, una situación en la que no vuelvan a dividirnos las interpretaciones de nuestro pasado y en la que no sea posible que un español llame misérrima oposición a quienes no piensan como él.

Unos tímidos aplausos comienzan en la tribuna de invitados, lo que obliga al presidente de las Cortes a intervenir.

—Perdone un momento el señor procurador. Advierto al público que el artículo 127 del Reglamento les impide manifestarse de ninguna manera y mucho menos iniciar los aplausos. No me obliguen a tomar medidas que no deseo.

Continúa Fernando Suárez, elegante y sobrio, haciendo uso de una irónica contundencia reformista.

—Porque habremos sido capaces de rebajar el concepto de enemigo irreconciliable al más civilizado y cristiano concepto de adversario político pacífico.

Superados los debates de las enmiendas a la totalidad, el Gobierno cree que no tiene visos de conseguir apoyos. Los procuradores defienden posiciones maximalistas que no encuentran encaje en el momento histórico que atraviesa España. El presidente suspende la sesión. Son las ocho y cuarenta y cinco minutos de la noche. Esta ha sido la parte fácil del debate. Al día siguiente llegarán las auténticas amenazas al proyecto.

48
La ley electoral

—Creemos en la democracia, pero en la democracia con orden, con ley y con autoridad.

Manuel Fraga se lo ha pensado mejor y quiere participar en el proceso de reforma, pero desde fuera. Dos meses antes del pleno decisivo de las Cortes, el 27 de septiembre, el exvicepresidente ha constituido Alianza Popular (AP), y lo ha hecho acogiéndose a su Ley de Asociaciones. Se trata de una coalición de partidos que aspira a atraer a toda la derecha conservadora y a buena parte de las Cortes. Junto a él, los llamados «siete magníficos», todos ellos referentes importantes del franquismo: Gonzalo Fernández de la Mora, Laureano López Rodó, Cruz Martínez Esteruelas, Federico Silva Muñoz, Licinio de la Fuente o Enrique Thomas de Carranza.

En el pleno de la reforma política, y al no ser procurador, Fraga reaparece por persona interpuesta. Superadas las enmiendas a la totalidad, llega el momento de debatir las correcciones parciales, las mejoras que los grupos parlamentarios quieran introducir en el proyecto de ley. La más importante es la que plantea Alianza Popular. Su problema es que no es procurador porque renunció a seguir en el Gobierno cuando Suárez fue designado presidente. En su nombre, tiene la palabra Cruz Martínez Esteruelas.

Alianza Popular tiene dos objeciones serias. La primera tiene que ver con el sistema de votación que ha impuesto el presidente de las Cortes: al final del pleno habrá una única votación sobre el texto definitivo que se pacte entre la ponencia y los procuradores. Ellos quieren votar las enmiendas una por una, pero el presidente lo rechaza porque no quiere eternizar el pleno y sólo AP ha presentado ochenta y tres.

La segunda objeción es de fondo y afecta al sistema electoral previsto en el proyecto de Ley para la Reforma Política: un sistema proporcional. Martínez Esteruelas quiere un modelo mayoritario que desemboque en un Parlamento bipartidista:

—La opción es clara: o queremos pocos, pero fuertes grupos políticos, aptos para gobernar la nación conforme a la voluntad popular; o, por el contrario, queremos muchos y débiles partidos que reflejen con precisión todas las diferencias y divisiones sociales, pero que sean impotentes para hacer marchar la nación hacia delante.

Para el procurador de AP, «con el sistema mayoritario se hace política de Estado», mientras que «con la representación proporcional se hace política de partido».

La posición de AP obliga al Gobierno y al presidente de las Cortes a reaccionar, y por un doble motivo. Primero: ¿qué fuerza tiene AP?, ¿a cuántos procuradores representa? Es una incógnita, pero obliga a negociar. Y segundo: ¿qué efectos tendría en unas elecciones generales la aplicación de un sistema proporcional? ¿Y qué opina de esto la oposición?

Son las diez de la noche. El presidente de las Cortes interrumpe la sesión y convoca a los procuradores a las diez de la mañana del decisivo jueves 18 de noviembre de 1976.

El presidente del Gobierno, tres ministros, los miembros de la ponencia y varios letrados se reúnen en el despacho del presidente de las Cortes. Acuerdan hacer una oferta a AP: el sistema seguirá siendo proporcional, pero se establecerán mecanismos correctores para evitar una excesiva fragmentación del Congreso. La propuesta es que la provincia sea circunscripción electoral y que cada una de estas tendrá un mínimo de diputados.

—¿Y cómo conseguimos que lo acepte la oposición? —pregunta Suárez.

—Yo creo —responde Fernández-Miranda dirigiéndose al vicepresidente Osorio— que tú debes ir al despacho del letrado mayor de las Cortes y, como eres amigo de Ollero, hablar con él y que contacte con los socialistas[1].

Osorio obedece. Llama al profesor Carlos Ollero, catedrático de Derecho Político y de Teoría del Estado, que es autor de un documento firmado el 23 de octubre por toda la oposición moderada sobre la reforma: ese «programa político» exige un nuevo Gobierno de consenso para el proceso constituyente; el reconocimiento de todas las libertades democráticas, incluido el derecho a la huelga; la aprobación de una amnistía total, también laboral, y el reconocimiento de las aspiraciones de las regiones a sus estatutos de autonomía, entre otras cosas.

Osorio lee la redacción del artículo que establece el sistema electoral. Ollero lo aprueba:

—Pero hombre, consúltalo con Felipe —le dice Osorio.

---

[1] Testimonio de Alfonso Osorio al autor y su libro *Trayectoria política de un ministro de la Corona,* Planeta, Barcelona, 1980.

—No, si no lo necesito, ¡si está aquí! —responde al otro lado del teléfono Ollero, revelando que está siguiendo la sesión por televisión junto a González.

La Alianza Popular de Manuel Fraga da el visto bueno. Felipe González está satisfecho porque han contado con su criterio. El Gobierno de Adolfo Suárez acaba de sumar al proyecto reformista a un indeterminado número de procuradores de Alianza Popular. Todos ceden, todos ganan.

Es hora de que las Cortes de Franco voten el proyecto de Ley para la Reforma Política.

49
EL *HARAKIRI* FRANQUISTA

Trece millones de españoles han encendido la televisión para ver la sesión definitiva del pleno de la reforma política. La tribuna de invitados está a rebosar. Es, probablemente, la sesión más importante de las diez legislaturas de las Cortes de Franco. El presidente toma la palabra:

—Se va a proceder a la votación.

El Gobierno necesita que lo apoyen dos tercios de la Cámara. Un total de 43 procuradores se han ausentado, por lo que habrá 497 papeletas. Esto significa que hacen falta que 332 sean afirmativas. La votación comienza a las 20:50 horas y se prolonga durante media hora. De uno en uno, sus señorías van ejerciendo su derecho: sí, no o abstención.

—El señor secretario dará cuenta del resultado de las votaciones.

Adolfo Suárez está sentado en su escaño, a la derecha del presidente de las Cortes. Mantiene un gesto serio y el ceño fruncido. Fernández-Miranda observa atento mientras muerde la patilla de sus gafas de cerca.

—Votos afirmativos, 425. Votos negativos, 59. Abstenciones, 13.

—El proyecto de ley ha sido aprobado. Se levanta la sesión —concluye Fernández-Miranda.

En ese instante, el presidente del Gobierno cierra los ojos, reclina su cabeza sobre el respaldo y se levanta satisfecho. Una leve sonrisa relaja su rictus mientras aplaude decididamente observando el hemiciclo. Se gira a su izquierda y mira hacia arriba. Allí está Fernández-Miranda, que recoge sus papeles sin hacer grandes gestos, aunque sí se le escapa una leve sonrisa. Suárez le aplaude mientras asiente repetidamente con la cabeza. Los procuradores se levantan y estallan en un sonoro y prolongado aplauso.

Treinta y siete años después del final de la Guerra Civil, la legalidad franquista ha sido formalmente derogada. La democracia se abre camino. El proyecto del rey sigue adelante.

La nueva prensa, ahora sí, se rinde a Adolfo Suárez. El titular que mejor define lo sucedido al día siguiente es de *Diario 16,* un periódico aperturista: «Adiós, dictadura, adiós». Pero también *El País,* sobre una foto del presidente: «Victoria abrumadora del Gobierno». Y *ABC:* «Una victoria del sentido común». Este episodio pasará a la historia como «el *harakiri*» franquista.

El siguiente paso es el referéndum, convocado para el 15 de diciembre, casi un mes después. Es tiempo suficiente para que todos los actores políticos rediseñen sus estrategias ante lo que ha sido, a todas luces, una victoria aplastante del Gobierno. Ya nadie duda de que la iniciativa es de Adolfo Suárez; ese ha sido su triunfo. El resto, reaccionan.

Los primeros son los más radicales del régimen, cada vez más acorralados, pero no por ello sin capacidad de movilización. Además, dos días después es 20 de noviembre y se cumple el primer aniversario de la muerte de Franco. La plaza de Oriente, como tantas veces en el franquismo, es el escenario elegido:

—Suárez, dimite, España no te admite.

—¡España no se vende!

—¡Ejército al poder!

La presión para que los militares den un golpe de timón es un clamor en estos círculos. De los cincuenta y nueve procuradores que votaron en contra de la reforma política, ocho son altos mandos militares.

En el otro extremo, los comunistas y los socialistas asumen que Suárez les ha ganado la iniciativa, pero creen que forzando sus posiciones pueden conseguir más objetivos. No obstante, son conscientes de que no pueden pedir el «no» en el referéndum sobre la reforma política y apuestan por la abstención.

El Gobierno da una nueva vuelta de tuerca. No sólo quiere ganar el referéndum, sino que quiere arrasar, y eso se consigue no sólo ganando la votación, sino logrando una participación masiva. La campaña de propaganda va a ser abrumadora. El lema elegido es la canción del grupo murciano Vino Tinto *Habla, pueblo, habla,* que se va a repetir una y mil veces en cuñas de radio, *spots* de televisión, anuncios en prensa y carteles en la calle y en las marquesinas: «Habla, pueblo, habla / Este es el momento / No escuches a quien diga / que guardes silencio...».

El Gobierno moviliza a toda la red administrativa del Estado y pone a trabajar a todos los jefes locales del Movimiento, que aún existe a pesar de que la arquitectura legal franquista ha sido derogada. Adolfo Suárez está muy fuerte, pero Felipe González no sólo no va a dejarle pasar, sino que está dispuesto a redoblar la apuesta. El PSOE, que sigue siendo un partido ilegal, convoca un congreso para el 5 de diciembre, diez días antes del referéndum. Felipe González quiere que sea el contrapunto al indudable éxito gubernamental que se avecina.

50
El PSOE entra en escena

—El partido es hoy una organización política más, una organización política con proyección internacional.

A pesar de que el PSOE todavía no ha sido legalizado, Felipe González lanza un órdago al Gobierno y organiza el XXVII Congreso del partido en un hotel de Madrid, y lo hace a lo grande. Es un acto de presentación pública de la nueva formación, que dirige desde 1974 una joven generación de renovadores que nada ha tenido que ver con la Guerra Civil y muy poco con el exilio.

En los casi cuarenta años de franquismo, la labor de oposición ha sido prácticamente un monopolio del PCE, un partido infinitamente más conocido que el PSOE, a pesar de que en 1948 Indalecio Prieto había firmado en San Juan de Luz un pacto con la derecha moderada para apoyar a don Juan como alternativa a Franco y llevar España a la democracia. En el exilio, el partido se fue diluyendo poco a poco y, cuando González organiza el congreso, el número de afiliados no llega a los diez mil[1].

---

[1] Victoria Prego, *Así se hizo la Transición*, Plaza & Janés, Barcelona, 1995, pág. 576.

Bajo el lema «Socialismo es libertad», el congreso se celebra entre los días 5 y 8 de diciembre. Queda una semana para el referéndum de la reforma política y Felipe González hace una impresionante demostración de fuerza junto a representantes de la izquierda internacional, con especial protagonismo de tres tótems de la socialdemocracia: el francés Françoise Mitterrand, el sueco Olof Palme y, sobre todo, el alemán Willy Brandt, líder del SPD y principal impulsor de que en España se consolide una alternativa de izquierda moderada.

En esos días, el hotel Meliá Castilla se convierte en un inmenso acto de propaganda y en una excelente campaña de imagen. El PSOE no se reúne en España desde 1932 y, aunque sigue siendo un partido ilegal, es obvio que es una formación tolerada y simpática para el Gobierno.

A Felipe González la reforma política le ha parecido bien: la ha debatido largamente con Suárez e incluso ha dado su visto bueno cuando estuvo amenazada por las exigencias de la Alianza Popular de Fraga. Sin embargo, se niega a aceptar una petición que le formula el propio Suárez: legalizarse con arreglo a la Ley de Asociaciones, lo que habría supuesto un enorme aval a la reforma política. Felipe no lo admite. Ese es su doble juego: confrontación y negociación.

—Es difícil —afirma en su intervención ante el plenario del partido— contener el grito y hablar con serenidad, pero nuestra situación exige esa serenidad, exige que asumamos el pasado para superarlo, no para anclarnos en él. Exige que miremos al futuro sin renunciamientos imperdonables, con afán de justicia, pero no de venganza.

En un mismo discurso, González debe atraer a la moderación a los afiliados que llevan décadas viviendo en la clandestinidad y, a la vez, erigirse como un líder de oposición constructiva. El acelerón que el Gobierno ha imprimido al proceso de reforma política entre septiembre y diciembre ha conseguido dividir a la Platajunta:

—Es evidente que en la oposición democrática existe una crisis profunda; es sobre todo una crisis de adaptación. Hemos dicho anteriormente que el motivo fundamental de la crisis radica en el anuncio del proyecto de reforma política por el Gobierno Suárez. En el mismo se contienen varios pasos de importancia política innegable en los que la oposición se ve envuelta y a los que se verá obligada a responder.

Felipe González da un paso adelante y se muestra dispuesto a negociar con el Gobierno, porque «mantener una actitud de automarginación, de entreguismo o una política del todo o nada» puede retrasar el proceso de transformación democrática de la sociedad española:

—Es necesario insistir en nuestra reivindicación de una alternativa democrática limpia o, como hemos dicho en otras ocasiones, en que estamos dispuestos a negociar el proceso de tránsito de la dictadura.

El congreso del Partido Socialista es un éxito, aunque hay una distorsión entre los mensajes del secretario general y las resoluciones aprobadas: el sector más izquierdista consigue introducir en el documento[2] el término «marxista» en la definición del partido, cuestión que no encaja ni en la historia de la formación ni en los estatutos de los partidos

---

[2] Resoluciones de XXVII Congreso del PSOE.

socialistas europeos. El sentimiento de libertad de miles de personas que han vivido en la clandestinidad también se expresa mostrando banderas tricolor y coreando un lema contra la monarquía que enlaza con el fuerte vínculo que une al PSOE con la Segunda República: «España, mañana, será republicana».

El congreso se clausura en medio de un gran entusiasmo de los participantes y con todo el plenario cantando, puño en alto, *La Internacional:*

Agrupémonos todos
en la lucha final
y se alzan los pueblos
por la Internacional.

Felipe González acaba de poner al PSOE en el mapa. La unidad de la izquierda está en peligro. Santiago Carrillo debe reaccionar.

51
Carrillo reta al Gobierno

El 10 de diciembre, cinco días antes del referéndum y dos después del congreso del PSOE, los medios de comunicación reciben una peculiar convocatoria de rueda de prensa por parte del Partido Comunista. Los periodistas son citados a las nueve de la mañana en distintos puntos de Madrid y son recogidos por coches que los llevan, dando vueltas y vueltas por la ciudad, a un piso en el centro. Tras una larga espera, aparece Santiago Carrillo.

—Mi carné del partido, con el número 100.004, es el único documento de identidad de que dispongo[1].

El líder del Partido Comunista lleva meses viviendo en Madrid y desde hace semanas ha abierto la comunicación con el Gobierno, al que ya en agosto le advirtió de que si no le expedían un pasaporte reaparecería por sorpresa en Madrid ante la prensa internacional. Carrillo cumple su amenaza, urgido también por el golpe de efecto que acaba de dar Felipe González ante la opinión pública.

Los setenta periodistas presentes en la sala se quedan boquiabiertos. Carrillo sonríe y está tranquilo:

---

[1] *El País,* portada del 11 de diciembre de 1976.

—Quiero pedirles a todos ustedes perdón por haberles hecho esperar, aunque creo que ustedes se dan cuenta perfectamente de las razones de esta espera y que ese perdón lo tengo por anticipado.

Elegantemente vestido, con traje y corbata, Carrillo acaba de quitarse la peluca y se ha atusado el cabello con un peine que asoma en el bolsillo de la americana. A su lado, la plana mayor del PCE. Y un mensaje principal: el Partido Comunista no puede ser excluido del proceso de reforma política, no puede dejar de concurrir a las elecciones. Es más, Carrillo anuncia que tiene previsto enviar quince mil interventores a las mesas electorales[2]. Sin embargo, el mensaje de Carrillo no es incendiario ni rupturista. Es más, se muestra accesible:

—Todo el mundo sabe que nosotros no aprobamos la forma en la que el rey ha ocupado el trono, pero el rey está ahí. Es una realidad. Yo estaría dispuesto a entrevistarme con él para explicarle la postura del partido y, si la mayoría del pueblo se pronunciase por una monarquía constitucional y parlamentaria, los comunistas acataremos, como siempre, el fallo del pueblo español.

El líder del PCE responde preguntas de los periodistas durante dos horas.

—¿Qué va a hacer Santiago Carrillo a partir de este momento?

—Santiago Carrillo —responde sonriente— regresa a uno de los domicilios que tiene en Madrid. Esta tarde se pone a escribir en uno de los libros que está preparando, y el

---

[2] Victoria Prego, *Así se hizo la Transición*, Plaza & Janés, Barcelona, 1995, págs. 578-580.

resto de los días va a tener entrevistas y reuniones para discutir y elaborar con sus camaradas la política del partido.

El movimiento de Carrillo es una jugada maestra que pone al Gobierno en una situación muy difícil, y a cinco días del referéndum. Si lo detiene, el escándalo será internacional y desgastará la credibilidad del plan reformista del Gobierno. Si se deja pasar, se estará incumpliendo la ley y dando una muestra de debilidad ante el régimen.

Mientras que el líder del PCE está en plena rueda de prensa, el Consejo de Ministros se encuentra reunido. El ministro de la Gobernación sale un momento de la sala para atender una llamada. Al volver, informa a sus compañeros y al presidente. Martín Villa es consciente de que la Policía ha quedado en entredicho y, por extensión, el Ejecutivo. Por eso da la orden de extremar la vigilancia para detenerlo.

A pesar de los movimientos individuales del PSOE y del PCE, la convocatoria del referéndum actúa como un acicate en el conjunto de la oposición, que siente la necesidad de organizarse para adquirir una mayor fuerza frente al Gobierno. Así, ese mismo día 10 se formaliza la constitución de la Comisión Negociadora de la Oposición, más conocida como la Comisión de los Nueve. Es una nueva plataforma integrada por el liberal Joaquín Satrústegui, el democristiano Antón Cañellas, el socialdemócrata Francisco Fernández Ordóñez, los socialistas Felipe González y Enrique Tierno Galván, el comunista Santiago Carrillo, el nacionalista gallego Valentín Paz Andrade, el vasco Julio Jáuregui y el catalán Jordi Pujol.

Todos ellos, con la participación no formal de las organizaciones sindicales, acuerdan un documento de exigencias irrenunciables para sumarse al proceso de reforma:

1. Reconocimiento de todos los partidos y organizaciones sindicales.
2. Reconocimiento, protección y garantía de las libertades políticas y sindicales.
3. Urgente disolución del aparato político del Movimiento y efectiva neutralidad política de la Administración pública.
4. La verdadera amnistía política que el país necesita.
5. Utilización equitativa de los medios de comunicación de masas propiedad del Estado, monopolizados por el Gobierno.
6. Negociación de las normas de procedimiento a las que han de ajustarse las dos consultas (referéndum y elecciones). Control democrático de la neutralidad.
7. Reconocimiento de la necesidad de institucionalizar políticamente todos los países y regiones integrantes del Estado español, y que los órganos de control de los procesos electorales se refieran también a cada uno de sus ámbitos territoriales.

Aparentemente, la oposición se mantiene fuerte y eso es un problema para el Gobierno, pero en este documento hay dos lecturas muy positivas para los planes del rey: la oposición ni siquiera plantea la necesidad de un referéndum entre monarquía y República, y tampoco niega la legitimidad del Gobierno para organizar el referéndum. Se han dado dos pasos que, poco tiempo atrás, parecían imposibles. Cinco meses después de su nombramiento, a Adolfo Suárez nadie en la política española le discute la iniciativa. La oposición no pide el «no», pide la abstención. Quedan cinco días para que el pueblo vote en libertad por primera vez en décadas.

52
El secuestro de Oriol

España no gana para sobresaltos. El sábado 11 de diciembre por la mañana trasciende una noticia que sacude a la opinión pública y que supone una amenaza directa para el proceso reformista: el presidente del Consejo de Estado y consejero del Reino, Antonio María de Oriol, ha sido secuestrado. Seis activistas de la banda terrorista GRAPO (Grupo de Resistencia Antifascista Primero de Octubre) se han presentado en su fundación a punta de pistola y se lo han llevado a la fuerza.

En el primer comunicado, la banda reivindica el secuestro, denuncia «la farsa del referéndum fascista» y exige la puesta en libertad y el traslado a Argelia de seis terroristas presos en España. El Gobierno no sabe quién está detrás de este grupo. Ellos se vinculan al PCE (r), el Partido Comunista de España (reconstituido). La sola posibilidad de que tengan algo que ver con el partido de Santiago Carrillo puede mandar al traste el proceso a cuatro días de que España vote.

En un segundo comunicado, los GRAPO amplían el número de terroristas que deben ser puestos en libertad: tres del PCE (r), seis de ETA, dos del FRAP y uno de Unión do Povo Galego. Al día siguiente, el diario *El País* recibe una prueba de vida en forma de carta de Oriol a su familia:

Muy querida Soledad:

Gracias a Dios, estoy perfectamente. Estate tranquila. Estamos en manos de Dios. Hay que avivar la fe y aceptar lo que disponga, cuando quiera, como quiera y donde quiera. A todos los chicos, calma y fe, con un fortísimo abrazo, con el más estrecho y apretado para ti, que ya sabes cómo te quiero.

Antonio.

El secuestro conmociona a la sociedad española, que empieza a acostumbrarse. Los GRAPO vuelven a mover ficha y lo hacen con un nuevo comunicado difundido en la víspera del referéndum: «Que no nos obligue el Gobierno a tomar una decisión que no deseamos». ¿Están dispuestos los terroristas a reventar el referéndum con un asesinato casi en directo?

Esa misma noche, Adolfo Suárez decide comparecer en televisión. De nuevo, cambia la puesta en escena, cuestión que en la Presidencia del Gobierno consideran relevante y no dejan al azar. Esta vez, la novedad es que el jefe del Ejecutivo va a aparecer de pie con la sola compañía de un atril. El mensaje será muy claro: no piensa ceder.

—Señoras y señores, buenas noches. Hoy la nación está asombrada por la noticia del secuestro del presidente del Consejo de Estado y consejero del Reino, don Antonio María de Oriol y Urquijo. Ante esta criminal acción, como ante cualquier otra planteada como chantaje o coacción, este Gobierno compromete su autoridad en impedir que la violencia consiga imponerse a un Estado de derecho.

El presidente se dirige a los que exigen una reacción violenta contra los terroristas:

—Que nadie interprete la serenidad como falta de decisión.

También tiene un mensaje para los secuestradores:

—Quiero asegurarles que el Gobierno que presido está firmemente decidido a continuar su andadura porque espero encontrar el apoyo de la mayor parte del pueblo para conseguir que todos los españoles puedan seguir caminando hacia el futuro no sólo sin sentirse heridos, sino con la frente alta y la conciencia limpia.

Y, por último, hace un llamamiento a que los ciudadanos convocados a las urnas ejerzan su derecho al voto y lo hagan apostando por el sí:

—Mañana, señoras y señores, gobiernan veintidós millones de españoles. Mañana comienza, si su voto es afirmativo, una nueva etapa histórica basada en la soberanía popular. Ustedes tienen la palabra.

El día 15, mientras los españoles acuden masivamente a las urnas, los GRAPO envían un nuevo comunicado, esta vez a las redacciones de *El País* e *Informaciones*. Para empezar, en un ataque de falsa dignidad, rechazan los intentos de la familia del secuestrado por pagar un rescate: «No es el dinero que nos ofrece la familia Oriol lo que buscamos, sino la libertad de otros compañeros de lucha, prisioneros del fascismo». Lo grave viene después: «Antonio María de Oriol y Urquijo será pasado por las armas si en el plazo de cuarenta y ocho horas el Gobierno no da una respuesta afirmativa a todas nuestras justas condiciones». El plazo expira a las 23:00 horas del lunes 17, momento en el que Televisión Española interrumpe su programación para dar paso al ministro de la Gobernación, Rodolfo Martín Villa, que asegura haber utilizado «todos los medios a su alcance» para resolver la situación:

—De producirse el asesinato de don Antonio María de Oriol no existirán más responsables que aquellos que lo realicen, sus asesinos, que serán perseguidos por imperativos de la justicia y no de la venganza. El Gobierno no puede aceptar el chantaje o la coacción de ningún grupo de extremistas [de lo contrario] habría hecho dejación de la responsabilidad que tiene ante el pueblo español.

Al día siguiente, los GRAPO rectifican parcialmente:

—Hemos hecho saber al presidente del Consejo de Estado la anulación de la decisión de pasarle por las armas.

España respira aliviada. El Gobierno respira aliviado. Pero Oriol sigue secuestrado *sine die*. La violencia de los extremistas empieza a ser una amenaza constante a la transición.

53
España vota sí

En la mañana del 15 de diciembre, y como dos ciudadanos más, los reyes acuden a votar a su colegio electoral. Aunque no se decantan públicamente por una opción o por otra, don Juan Carlos y doña Sofía buscan con su presencia llamar a la movilización, a la participación, que es la gran preocupación del Gobierno. También acuden Adolfo Suárez y Fernández-Miranda, ambos acompañados por sus esposas.

La pregunta del referéndum es directa y sencilla: «¿Aprueba el proyecto de Ley para la Reforma Política?». Las papeletas son blancas, de 15 × 10,5 centímetros y hay tres modelos: sí, como pide el Gobierno; no, como pide el búnker franquista; o en blanco, como pide la oposición, a la que también le sirve la opción de no votar.

Es un día emocionante. La participación es masiva. Los españoles acuden a los colegios electorales como nunca antes: con la garantía de que el proceso va a ser limpio y con una sensación de libertad. Ese impulso, el del pueblo participando de la política, es el motor silencioso que está arropando el proceso reformista del rey Juan Carlos, que cuenta con el aliento de 16.573.180 españoles.

—Alfonso, hemos ganado, ¿te das cuenta? ¡Hemos ganado![1].

El presidente del Gobierno está exultante y así se lo confiesa a su vicepresidente cuando cae la noche: la participación ha sido muy alta, del 77,72 %, y el respaldo a la reforma política, abrumador: el 97,36 % de los ciudadanos que han acudido a las urnas han votado sí.

No han pasado aún trece meses desde la proclamación del rey, doce desde el nombramiento de Fernández-Miranda y cinco desde la designación de Adolfo Suárez. El triángulo que forman el monarca y los presidentes del Gobierno y de las Cortes ha funcionado como un reloj y el pueblo lo ha reconocido. Pero este espaldarazo no es más que el comienzo del verdadero reto: en la Ley para la Reforma Política se establece que el Gobierno debe convocar elecciones antes del mes de junio. Queda mucho por hacer, pero antes de que acabe el año sucederán imprevistos, porque el búnker ha sido derrotado en las urnas, pero no en la calle.

El día 20 se cumplen tres años del atentado que acabó con la vida de Carrero Blanco. A la una del mediodía, el presidente de las Cortes acude a una misa en su memoria en la iglesia de San Francisco de Borja, en la calle de Serrano a la altura de la Embajada de Estados Unidos. Entre los asistentes, las viudas del general asesinado, Carmen Pichot, y de Francisco Franco, Carmen Polo. También está el teniente general Iniesta Cano.

Finalizado el oficio, el presidente de las Cortes, su esposa y su jefe de Gabinete, Juan Sierra, abandonan el templo.

---

[1] Alfonso Osorio, *Trayectoria política de un ministro de la Corona*, Planeta, Barcelona, 1980, pág. 254.

En la escalinata de la fachada principal empieza a arremolinarse un grupo de unos doscientos exaltados. Comienzan los insultos hacia quien consideran que ha traicionado el régimen de Franco:

—¡Torcuato, traidor, perjuro, masón!

Los escoltas actúan de inmediato, pero la turba es enorme.

—¡Iniesta, Iniesta, Iniesta!

No hay forma de llegar hasta el vehículo oficial porque los manifestantes lo impiden. Algunos llevan boinas rojas: forman parte de Fuerza Joven, la sección juvenil del partido de extrema derecha que dirige Blas Piñar.

—¡Gobierno al paredón, por perjuro y por cabrón!

—¡No a la monarquía, ni a Juan Carlos ni a Sofía!

La Policía municipal corta el tráfico y los escoltas trasladan la comitiva al otro lado de la calle, donde está la embajada. Hay golpes con paraguas. Los cánticos ultraderechistas continúan:

—Torcuato, atiende, España no se vende —gritan unos.

—¡Franco, Franco, Franco! —corean otros.

Fernández-Miranda permanece inmóvil sin responder a provocación alguna y tratando de no transmitir el miedo que siente en ese momento junto a su mujer. A Juan Sierra le repite una y otra vez:

—Tranquilidad, Juan, tranquilidad. Ante todo, la dignidad del cargo[2].

Al día siguiente, el ministro de la Gobernación acude al despacho del presidente de las Cortes, que quita hierro al asunto y niega haber sido agredido. No quiere dar pábulo a los violentos,

---

[2] Victoria Prego, *Así se hizo la Transición,* Plaza & Janés, Barcelona, 1995, pág. 601.

pero lo cierto es que existe un caldo de cultivo alimentado por los más duros del inmovilismo. El enfado con el proceso de reforma es creciente, especialmente tras el referéndum.

De fondo está la concesión de una amnistía, lo que lleva a ironizar a los medios de comunicación más ultras que salen en defensa de los exaltados:

> Si se propugna la puesta en libertad de los que han asesinado a un presidente del Gobierno, a docenas de policías y guardias civiles, a alcaldes y presidentes de Diputación, ¿por qué se va a meter en la cárcel al que no ha hecho más que amenazar con un paraguas? Son —concluye irónicamente el artículo del diario *El Alcázar*— los signos de los tiempos.

El año 1976 ha sido intenso y acaba como empezó: en el último Consejo de Ministros, Suárez aprueba la eliminación del Tribunal de Orden Público (TOP), el símbolo de la represión judicial del franquismo. Durante trece años allí se castigaron con especial dureza los delitos vinculados a las actividades políticas: en ese tiempo, dictó cerca de cuatro mil sentencias, casi tres mil condenatorias. Una de las más sonadas fue la del Proceso 1001, el último gran juicio político del franquismo, que llevó a prisión, entre otros, al líder de Comisiones Obreras, Marcelino Camacho, hasta que el indulto general aprobado por el rey lo puso en libertad. Con esa decisión de don Juan Carlos un año atrás, empezó el proceso de desmontaje del antiguo régimen.

Quedan siete meses para convocar las elecciones y la mayoría de los partidos de la oposición son ilegales, pero antes el presidente del TOP deberá tomar una última decisión importante. La última de su historia.

54
Carrillo, detenido

—¿Es usted don Santiago Carrillo? —preguntan tres hombres.

—¿Quiénes son ustedes? —responde Carrillo. Lleva su famosa peluca y acaba de salir de una reunión clandestina del Partido Comunista en un piso de Madrid.

—Policía.

—Por favor, ¿quieren identificarse?

Los agentes enseñan la placa y también su carnet.

El secretario general del PCE se quita la peluca y se la entrega a uno de los agentes.

—Tenga, para usted. Ya no la necesito[1].

Son las siete menos cuarto del 22 de diciembre y el enemigo público número uno del franquismo acaba de ser detenido. En el núcleo duro del PCE están preparados y ponen en marcha el plan preestablecido: llaman a París y a Roma, entre otras ciudades extranjeras, buscando apoyo internacional y dan orden de imprimir carteles pidiendo la libertad de su jefe.

En la Dirección General de Seguridad es recibido por el comisario Pastor, que lo trata amablemente. El funcionario

---

[1] Joaquín Bardavío, *Sábado Santo rojo,* Ediciones UVE, Madrid, 1980, págs. 104-125.

que le toma declaración anota: «Presentan a quien dice ser y llamarse don Santiago Carrillo Solares, nacido en Gijón el 18 de enero de 1915, hijo de Wenceslao y Rosalía, casado, periodista, sin domicilio conocido...».

Carrillo explica que ha venido a España porque «habiendo solicitado en diversas ocasiones el pasaporte español, en la Embajada de España y en el Consulado de España en París, y habiéndosele repetidamente negado, se ha decidido a hacer uso del derecho que como ciudadano español cree tener a residir en su país». Explica que, después de que el Gobierno hubiera anunciado su propósito de establecer un régimen democrático, su partido «tiene el derecho de participar en la vida política del país igual que sucede en todos los países democráticos de Europa».

Es más, el líder comunista argumenta que su partido se encuentra «en la misma situación que el Partido Socialista Obrero Español, que el Partido Socialista Popular, que los partidos democristianos y otros partidos demócratas, y que, aplicando literalmente el Código Penal tal y como ha sido reformado por las Cortes, el Partido Comunista de España no puede ser considerado fuera de la ley, puesto que no pertenece a ninguna organización internacional y propugna un sistema no totalitario»[2].

A lo que no responde es a la pregunta directa sobre con qué líderes políticos se ha reunido. Carrillo no lo cree conveniente y oculta que se ha visto con Felipe González, José María de Areilza, Joaquín Ruiz-Giménez, Jordi Pujol, Miquel Roca, etc.

---

[2] Ibíd., págs. 104-125.

Una hora y cuarto después de la detención, el presidente del Gobierno reúne en su despacho a sus dos vicepresidentes. Se preguntan cómo proceder. Suárez y Gutiérrez Mellado son partidarios de entregárselo a Francia; incluso piden al ministro de Exteriores que haga alguna gestión. Francia advierte de que en su país goza de libertad de movimiento y podrá volver a entrar en España en cuanto lo desee. Alfonso Osorio defiende que sólo puede ser acusado de asociación ilegal y de carecer de documentación, tesis que avala telefónicamente el ministro de Justicia, Landelino Lavilla.

Esa madrugada, el comisario Pastor recibe una llamada del Gobierno:

—Mire usted, dígale al señor Carrillo que qué prefiere: si ser puesto a disposición del Tribunal de Orden Público o ser expulsado de España.

La respuesta de Carrillo es la esperada:

—Prefiero ser puesto a disposición del Tribunal de Orden Público.

—Que conste en la declaración esta respuesta —añade Pastor—. Escríbala.

—Un momento —interrumpe Carrillo—. Si consta por escrito esta respuesta mía, que conste también la pregunta que me ha hecho el comisario.

Pastor sonríe y le dice al policía que no anote ni pregunta ni respuesta. Y añade:

—Acaba usted de legalizar su situación en España.

Durante su detención, Carrillo recibe un trato policial correcto, salvo por dos episodios que se producen a la mañana siguiente, cuando hay un cambio de turno y lo trasladan a otro despacho en el que no puede evitar escuchar conversaciones policiales: «A este tío le vamos a aplicar la ley de fugas», «es un asesino»...

—Y de Paracuellos, ¿qué? —pregunta un agente que se asoma por la puerta.

—¿Me está usted insultando? —responde Carrillo.

—Yo a usted no le insulto.

Ya por la mañana del día 23 es trasladado a un sótano en el que le piden que se desnude completamente, un hecho innecesario un día después de la detención. Finalmente, Carrillo es trasladado a la cárcel de Carabanchel con todas las medidas de seguridad por orden del ministro de la Gobernación. Allí, el líder del PCE pide libros sobre Joaquín Costa, el político del regeneracionismo, porque piensa que va a estar en prisión unos meses y quiere aprovechar el tiempo.

Ocho días después, el 30 de diciembre, Carrillo es puesto en libertad. Tiene una causa pendiente, pero por primera vez en cuarenta años es un ciudadano libre en España. En el mismo día en que el Tribunal de Orden Público va a ser eliminado por el Consejo de Ministros, la clandestinidad del Partido Comunista acaba de pasar a la historia. Ahora sí, empieza 1977.

55
LA SEMANA NEGRA

En enero de 1977, y durante una semana, la democracia que está a punto de nacer corre un serio riesgo de morir. Son los siete días que discurren entre el 23 y el 29 de enero: la semana negra.

En el centro de Madrid se va a celebrar una manifestación proamnistía sin autorización. A las doce de la mañana, la Policía está atenta porque es fácil que se descontrole, y actúa para dispersar a los manifestantes. Botes de humo, pelotas de goma y miedo a que la ultraderecha se acerque a reventar la movilización no autorizada.

Dicho y hecho: uno de los manifestantes proamnistía, militante de Comisiones Obreras, de diecinueve años, huye de la Policía y se encuentra con miembros ultraderechistas. Es Arturo Ruiz, que recibe un disparo de bala en la espalda. El asesino es un guerrillero de Cristo Rey. Ruiz muere en el acto.

A la mañana siguiente hay concentraciones de protesta en las facultades universitarias y la izquierda convoca otra manifestación en respuesta al crimen. Una estudiante no politizada de veintiún años es alcanzada por un bote de humo lanzado por la Policía. Fallece esa misma tarde.

Unas horas antes de ese lunes 24 de enero, reaparecen los GRAPO y secuestran a la salida de su casa al teniente general Emilio Villaescusa, presidente del Consejo Supremo de Justicia Militar. Son las diez menos veinte de la mañana y los terroristas de extrema izquierda reproducen la estrategia que llevaron a cabo con Oriol, que lleva cuarenta y un días en cautiverio.

Doce horas después, tres individuos de extrema derecha suben por las escaleras del número 55 de la calle de Atocha. Nueve abogados acaban de iniciar una reunión en un despacho laboralista comprometido con las reivindicaciones de la izquierda. Los asaltantes no dudan en asesinar a cinco de ellos y herir a los otros cuatro. Es una matanza con motivaciones políticas que impacta al mundo judicial, a la sociedad madrileña y al conjunto de los españoles.

El martes y el miércoles son días de conmoción y de ira. En Madrid se producen incidentes callejeros. El último adiós a los abogados laboralistas se convierte en una manifestación multitudinaria en la plaza de Colón de Madrid. El decano del Colegio de Abogados de Madrid insiste en que allí se instale la capilla ardiente, que se convierte en un centro espontáneo de peregrinación y de negociación con el Gobierno. Toma la palabra el abogado Jaime Miralles:

—En una ocasión más es la abogacía la que ha de salvaguardar el derecho de la sociedad entera, y no hay poder público mientras tal se llame y por tal pretenda tenerse que pueda no prohibir o dejar de garantizar la plena tranquilidad y el perfecto orden de esta capilla ardiente.

Ese mismo día, el diario *El País* reacciona publicando un editorial en el que pide un Gobierno de reconciliación nacional: «Ante la técnica del golpe de Estado, sólo cabe una respuesta posible: el contragolpe de poder». En Salamanca, quince mil personas acuden al entierro del joven asesinado el domingo, y en el barrio de la Alameda de Osuna de Madrid los vecinos acompañan bajo vigilancia policial a los familiares de la estudiante abatida el lunes. Después se canta *La Internacional* y se reza un *Padrenuestro*.

Viernes por la mañana. De nuevo los GRAPO. A las 11:30 horas, dos miembros de la Policía armada son asesinados en una sucursal de la Caja Postal de Ahorros de Campamento, en Madrid, y a las 13:30, un guardia civil es asesinado y tres resultan gravemente heridos en un atentado en otra caja de ahorros de Madrid.

Ante la gravedad de los acontecimientos, la prensa publica el sábado, por primera vez en todo el proceso de reforma política, un editorial único en defensa del proceso democrático. Un llamamiento «a la unidad de todos, sin exclusiones»:

> El terror no tiene ideología. Quienes han puesto en marcha esta maquinación son los enemigos de todos, son los enemigos del pueblo español. Su designio es patente: tratan de impedir que se establezcan las fórmulas civiles de convivencia libre y ordenada a que los españoles tienen derecho.
>
> Es necesario que el Gobierno y el resto de las fuerzas políticas se pongan rápidamente de acuerdo, y que se adopten enérgicas medidas para salvaguardar la paz sin menoscabo de las libertades públicas. Está en juego el ser o no ser de la democracia en España y el futuro de nuestro país como sociedad pluralista y libre.

En el funeral de los agentes de Policía se produce un incidente desagradable. Mientras el sacerdote pide para ellos «el descanso eterno», el capitán de navío Camilo Menéndez interrumpe a gritos contra el Gobierno y desata la turba:

—¡Gobierno, dimisión!

—¡Por encima de la disciplina está el honor!

—¡Franco, Franco, Franco!

—¡Viva el 18 de julio!

El general Gutiérrez Mellado está presente y se enfrenta a ellos. Les increpa y ordena la detención de su subordinado. La extrema derecha está enardecida.

Por primera vez, el Gobierno de Adolfo Suárez toma una decisión que supone un recorte de libertades. El Consejo de Ministros suspende los artículos 15 y 18 del Fuero de los Españoles, sobre inviolabilidad del domicilio y detenciones. Además, decide, una vez más, dirigirse a los ciudadanos, con quienes mantiene un contacto directo y frecuente a través de las cámaras:

—Deseo que quede una cosa muy clara: de entreguismo a la subversión, nada. De actitudes tibias hacia las provocaciones, nada. De despreocuparnos ante los grandes temas que puedan rozar la unidad, la independencia o la seguridad de la patria, nada. Sin embargo, sí que decimos y muy fuerte que de actitud y predisposición al diálogo pacífico, todo; de abrir el juego político para normalizar la vida ciudadana, todo; el reconocimiento a la peculiaridad y la personalidad de las regiones, todo; de hacer posible que las diversas opciones políticas puedan desarrollar sus legítimas aspiraciones al poder, absolutamente todo.

España vive tiempos convulsos. Las violencias de extrema izquierda y de extrema derecha, que no representan a nadie más que a ellos mismos, están poniendo en jaque al sistema. Sin embargo, Dios aprieta, pero no ahoga: el 11 de febrero comparece ante los periodistas el ministro de la Gobernación, Rodolfo Martín Villa.

—Al Ministerio de la Gobernación y a su titular no le ha tocado en los últimos meses dar noticias agradables. En este momento, tengo que darles la noticia de que por una actuación extraordinariamente brillante de la Policía española han sido rescatados, en el día de hoy, don Antonio María de Oriol y Urquijo y el teniente general don Emilio Villaescusa.

Los terroristas han perdido. Una vez más, la sociedad española respira aliviada. Han sido semanas extraordinariamente críticas.

56
Suárez y Carrillo, cara a cara

A finales de febrero de 1976 Adolfo Suárez toma una decisión que va a marcar su carrera política: entrevistarse personalmente con Santiago Carrillo. Es una petición que el líder comunista hace por medio de Ballesteros, su representante en los contactos con el Ejecutivo, y que este traslada a José Mario Armero. Suárez cree que ha llegado el momento y da el visto bueno a la puesta en marcha de la operación. Con el máximo sigilo y sin que el mismo presidente del Gobierno tenga toda la información.

La operación es de alto riesgo, y es obvio que si salta a la luz pública Carrillo tiene mucho que ganar y Suárez mucho que perder. El presidente se lo consulta a su vicepresidente, Alfonso Osorio, partidario de que la legalización se produzca después de las elecciones: «Entrevistarse nada menos que el presidente del Gobierno con el secretario general de un partido ilegal me parece excesivo».

Unas semanas antes, el día 8, el Gobierno ha modificado la Ley de Asociaciones Políticas para introducir un cambio sustancial: no es el Ejecutivo quien autoriza o no la legalización de un partido que se haya inscrito en el registro, es el Tribunal Supremo, que habrá de pronunciarse conforme al Código Penal.

En este escenario legal, Osorio pide a Suárez que no pacte con Carrillo la legalización del PCE: «Lo único importante —explica el vicepresidente— es que Carrillo acate la decisión del Tribunal Supremo, si esta es contraria, mientras esté vigente el actual Código Penal»[1]. El presidente está de acuerdo.

Adolfo Suárez es consciente de que no debe reunirse con Carrillo sin que lo sepa el presidente de las Cortes, con quien no ha mantenido secreto alguno y con quien ha ido de la mano durante todo el proceso. Al ser informado de la decisión, Torcuato Fernández-Miranda aprueba el encuentro entre el Gobierno y el Partido Comunista, pero opina que esa reunión no debe mantenerla el presidente, sino alguien en su nombre o, en tal caso, debe realizarse fuera de España. Sin embargo, a estas alturas de la película, a Adolfo Suárez las sugerencias de su padrino político le entran por un oído y le salen por el otro.

—¡Cuántas horas de sueño me ha quitado usted! —le dice Adolfo Suárez a Santiago Carrillo, solos los dos[2].

Es 27 de febrero, cinco de la tarde. El encuentro se produce en un chalé de Pozuelo de Alarcón. La conversación cara a cara se prolonga durante seis horas. Carrillo insiste una y otra vez en la legalización, y Suárez le dice que es su deseo, pero que no tiene respuesta porque está en manos del Supremo.

---

[1] Alfonso Osorio, *Trayectoria política de un ministro de la Corona*, Planeta, Barcelona, 1980, pág. 282.

[2] Victoria Prego, *Así se hizo la Transición*, Plaza & Janés, Barcelona, 1995, pág. 643.

—Hay que vencer muchas e importantes resistencias. Es fundamental la sentencia de la Sala Cuarta del Tribunal Supremo, a la que hemos sometido la solicitud en el Registro de Asociaciones Políticas. Es preciso un soporte jurídico, algo en lo que apoyarme[3].

Carrillo está dispuesto a moverse y ante Suárez asume compromisos importantes, siempre y cuando su partido pueda concurrir a las elecciones. Ambos saben que unas elecciones generales sin el PCE no son unas elecciones libres y la reforma política carecerá de credibilidad. A cambio, Carrillo está dispuesto a moverse:

—Aceptar la monarquía constitucional.

—Aceptar la bandera rojigualda y el himno.

Pero eso no es todo: el líder del PCE le pide a Suárez que autorice una cumbre de los partidos eurocomunistas prevista para unos días después con la presencia de los líderes de los partidos italiano y francés. Suárez acepta, pero le pide que se mantengan dentro de los límites formales. Así será, y Carrillo conseguirá un espaldarazo internacional similar al que Felipe González consiguió unos meses antes cuando se rodeó de Olof Palme y Willy Brandt.

Esa misma noche Adolfo Suárez informa al rey y a la mañana siguiente se lo cuenta a Fernández-Miranda mientras se celebra un acto público. Después del referéndum, Suárez se siente autorizado por la ciudadanía española para tomar decisiones solo, y ya no se siente concernido por las reflexiones del presidente de las Cortes. No será el único desencuentro.

---

[3] Joaquín Bardavío, *Sábado Santo rojo,* Ediciones UVE, Madrid, 1980, págs. 155-171.

A pesar de que el Partido Comunista todavía es ilegal, Carrillo se mueve por España como Pedro por su casa y su partido es capaz de organizar actos de exaltación con repercusión internacional. El Gobierno debe tomar una decisión y hacerlo pronto, pues quedan dos meses para que venza el plazo que establece la Ley para la Reforma Política para la convocatoria de elecciones.

57
La legalización del PCE

El 1 de abril de 1977 es una fecha simbólica. El Tribunal Supremo comunica al ministro de Justicia que se inhibe en el caso de la legalización del Partido Comunista. La patata caliente vuelve a estar en la mesa del Consejo de Ministros. Suárez quiere legalizar el PCE, pero el Gobierno decide cubrirse las espaldas pidiendo un informe a la Fiscalía para saber si los estatutos del partido vulneran el artículo 172 del Código Penal, ese cuya modificación tumbó al Gobierno Arias y que luego acabó sacando adelante el Ejecutivo de Suárez en su primera comparecencia ante las Cortes. ¿Es o no es el PCE un partido totalitario que recibe órdenes internacionales?

Una semana después, Viernes Santo, y tras la reunión de la Junta de Fiscales, el informe es concluyente:

> No se desprende ningún dato que determine de modo directo la incriminación del expresado partido en cualquiera de las formas de asociación ilícita que define y castiga el artículo 172 en su reciente redacción.

La Fiscalía acaba de dar al Gobierno el documento que le permite legalizar al PCE, una decisión que debe adoptar el Ministerio de la Gobernación. El presidente no quiere hacerlo a la ligera y desea que se tome en un día muy señalado:

> Este Ministerio, en cumplimiento de la sentencia de la Sala Cuarta del Tribunal Supremo de 1 de abril de 1977 y a la vista del dictamen del fiscal del Reino, ha tenido a bien disponer que se deje sin efecto la suspensión de la inscripción en el Registro de Asociaciones Políticas de la denominada Partido Comunista de España (PCE), suspensión acordada con fecha 22 de febrero del corriente año, y que se proceda a la inscripción en el referido Registro de la citada asociación. Madrid, 9 de abril de 1977.

El Partido Comunista de España acaba de ser legalizado. Es Sábado Santo y España entera está de vacaciones. El comunicado llega a las redacciones de los medios y, en Radio Nacional, el periodista Alejo García corre escaleras arriba hasta los estudios para leerlo de inmediato. Comienza la emisión[1].

—Señoras y señores, hace unos momentos fuentes autorizadas del Ministerio de la Gobernación han confirmado que el Partido Comunista... perdón...

El locutor ha corrido tanto que se está quedando sin aire para seguir leyendo. Se hace el silencio. ¿Qué pasa con el Partido Comunista?

—... que el Partido Comunista de España ha quedado legalizado e inscrito en el...

[1] Archivo de RNE.

De nuevo el silencio, aunque en esta ocasión se escuchan los jadeos del locutor, que trata de coger aire:

—Repetimos la noticia, ¿eh? (Silencio). Hace unos momentos, fuentes autorizadas...

La sintonía cubre al locutor, que, unos segundos después, consigue el resuello necesario para dar una noticia histórica:

—Repetimos, pues, que el Partido Comunista de España ha sido legalizado por el Gobierno español.

Adolfo Suárez ha tomado la decisión más arriesgada de su vida política. Entre la audacia y la temeridad hay una línea muy fina, pero el presidente del Gobierno ha apostado fuerte. Adolfo Suárez es consciente del riesgo que ha asumido y toma una última precaución: pide a su intermediario con Carrillo que le pida a este que su valoración de la decisión no sea demasiado elogiosa. Se trata de minimizar el enfado del búnker, que aprovechará cualquier detalle para acusarle de connivencia con el comunismo.

—La noticia me produce la misma satisfacción que van a sentir millones de trabajadores y demócratas en España. Es un acto que da credibilidad y fortaleza al proceso de marcha hacia la democracia. Ahora lo indispensable es que los demás partidos sean también legalizados y que se llegue a una auténtica libertad sindical.

Carrillo ha medido sus palabras, pactadas con José Mario Armero, el representante del Gobierno. Pero llega el momento de marcar distancias:

—Yo no creo que el presidente Suárez sea un amigo de los comunistas. Le considero más bien un anticomunista, pero un anticomunista inteligente, que ha comprendido que las ideas no se destruyen con represión e ilegalizaciones. Y que está dispuesto a enfrentar a las nuestras las suyas. Bien, ese es el terreno en el que deben dirimirse las divergencias. Y que el pueblo, con su voto, decida.

Los tres ministros militares interrumpen inmediatamente sus vacaciones.

58
La segunda gran crisis militar

El ministro de Marina presenta su dimisión y abre una crisis de impredecibles consecuencias. El almirante Pita da Veiga se siente despreciado por Suárez, que ni siquiera le ha informado, y esto le ha colocado en una mala situación ante la Armada, el ejército que más bajas sufrió al inicio de la Guerra Civil. Todos los almirantes en activo se comprometen a no aceptar la cartera, lo cual pone al presidente en una difícil situación.

No es precisamente Pita el más crítico con la legalización del PCE, y su trayectoria como político permitía pensar que no sería él quien presentara una dimisión irrevocable. Durante esos años ha demostrado serenidad y moderación, como aquel día de diciembre de 1973 en el que se encargó de desautorizar las veleidades violentas y revanchistas de Iniesta Cano tras el atentado de Carrero.

Los ministros del Aire y del Ejército vacilan, pero deciden mantenerse en el puesto. También hay ministros civiles molestos con cómo se han hecho las cosas, pero Suárez y Osorio consiguen tranquilizarlos. El problema está en las Fuerzas Armadas, y llueve sobre mojado. La dimisión de Pita da Veiga es la segunda de un ministro militar en sólo siete meses. En los cuarteles el descontento es generalizado.

La situación obliga al presidente a hacerse dos preguntas: ¿existe riesgo de que haya movimientos en los cuarteles? ¿Quién puede ser ministro de Marina?

El vicepresidente Gutiérrez Mellado se pone manos a la obra y llama por teléfono al almirante en la reserva Pascual Pery Junquera, que preside la Compania Transatlántica.

—¿Tú qué opinas del reconocimiento del Partido Comunista?

—Pues lo lamento muchísimo, pero considero que era de todo punto inevitable.

—Querría hablar contigo. ¿Puedes venir esta tarde a la cuatro y media a mi casa en la Moncloa? Te espero.

El encuentro se extiende durante seis horas. Gutiérrez Mellado es directo desde el principio. Pery da todo tipo de argumentos personales y profesionales para rechazar la propuesta de suceder a Pita, pero principalmente hay dos: no es un nombramiento militar, sino político, que busca resolver una crisis política; y su relación con los mandos de la Armada es prácticamente nula desde que decidió pasar a la reserva, lo cual es una dificultad más[1]. El vicepresidente le escucha con atención y le pide una última cosa: que acepte ser recibido por el presidente Suárez.

Esa misma noche, el militar llega al Palacio de la Moncloa. El presidente se la juega, necesita convencerle y para ello decide ser honesto y directo: le dice que la legalización del PCE se ha llevado con gran sigilo porque no quería comprometer a nadie, que él mismo quería asumir toda la responsabilidad para bien o para mal. A Pery, hombre de honor,

[1] *Historia de la democracia, 1975-1995. Veinte años de nuestra vida,* El Mundo, Unidad Editorial, Madrid, 1995.

le impactan estas explicaciones y le gusta el gesto de valentía. Por eso, toma la decisión de aceptar el cargo. Adolfo Suárez le hace una última pregunta: ¿cómo cree que va a ser recibido en la Armada su nombramiento? Pery, erudito en temas de la Marina, le responde con una anécdota: esa misma pregunta se la hizo el dictador Primo de Rivera al contraalmirante Mateo García de los Reyes y este contestó: «Sobre el hombro y con marcha militar». A lo que Pery añadió:

—A mí, como almirante, con la *Marcha de Infantes* y en presenten armas.

Es decir: con disciplina. Y así es como Pascual Pery presta su último servicio a España y a la Corona, y contribuye a resolver la segunda gran crisis militar del Gobierno de Adolfo Suárez. Por un hondo sentido del deber.

—Juro desempeñar el cargo de ministro de Marina con absoluta lealtad al rey, así como guardar secreto de las deliberaciones del Consejo de Ministros.

Es 15 de abril, viernes. El Consejo de Ministros aprueba la convocatoria de elecciones generales. Serán exactamente dos meses después: el 15 de junio de 1977 y contarán con la participación de todos los partidos políticos que así lo deseen. Tienen hasta el 8 de mayo.

59
Los partidos políticos

Convocadas las elecciones, Torcuato Fernández-Miranda siente que su función al servicio del rey ha finalizado, y así se lo comunica al monarca el 30 de mayo, a poco más de dos semanas de las elecciones generales. A la mañana siguiente, el presidente de las Cortes convoca a la prensa:

—Hoy más que nunca cuento con la confianza con la que Su Majestad el Rey me ha distinguido desde 1960. Desde entonces, como príncipe, como príncipe de España y como rey, ha sido para mí un honor contar con esta confianza y le he servido con absoluta lealtad y entrega y le serviré de por vida[1].

Fernández-Miranda podría continuar cuatro años más en el cargo, porque así lo establece la Ley para la Reforma Política en una salvaguarda que había sido interpretada en su contra: «Quiere la democracia para todos menos para él», había dicho la prensa. Pero el presidente de las Cortes lleva muchos años aparentando lo contrario de lo que en realidad es, y ha aprendido a cargar sobre sus hombros el oneroso peso del prejuicio. En democracia los personajes públicos deben aprender a sobrellevar las críticas.

[1] *ABC*, 1 de junio de 1977, pág. 13.

—Estoy orgulloso y muy tranquilo ante la misión que he cumplido a costa, naturalmente, de incomprensiones más o menos justificadas. Cuando se habla de Mazarino y Richelieu, del conde duque de Olivares, cuando se decía que era el valido del rey, creía que estaba clarísimo que mi continuidad en el cargo confundía el claro y nítido papel de la Corona.

Por todo ello, el presidente de las Cortes anuncia su dimisión e indica que no va a concurrir a las elecciones, pero antes dedica unas palabras a Adolfo Suárez:

—Tengo con él una profunda amistad, una sincera estima y una no pequeña admiración. Insisto en que me siento responsable con él en su política, en la medida que me corresponde como presidente de las Cortes.

Lo que no dice Fernández-Miranda es que en las últimas semanas ha habido un distanciamiento entre ambos: Suárez es el presidente, se siente respaldado por las urnas y quiere volar solo. El último motivo de discrepancia es la decisión del presidente de concurrir a las elecciones. Fernández-Miranda entiende que presentarse como candidato siendo presidente del Gobierno es vulnerar la neutralidad del plan que él mismo diseñó para pasar de la legalidad franquista a la legalidad democrática. Pero Suárez lo tiene decidido. La pregunta es con qué partido.

José María de Areilza lleva años trabajando en la formación de una organización de centro liberal. Poco a poco, el exministro de Exteriores ha ido tejiendo una red a partir del Partido Popular (PP), una formación surgida desde el Grupo Tácito, ese colectivo que desde el año 1973 ha participado en la vida pública a través de artículos en prensa. El PP coge impulso a principios de 1977 con la incorporación de

Areilza y Pío Cabanillas y, con el objetivo de concurrir a las elecciones desde la moderación, evoluciona a Centro Democrático: democristianos, liberales y socialdemócratas.

Al Gobierno le gusta este partido, pero a Suárez no le gusta Areilza. Sospecha que quiere recoger el impulso del Ejecutivo para alzarse con el poder: «Quiere ser una alternativa de poder, más que una opción de apoyo al Gobierno», le dice el presidente a Osorio[2]. A finales de marzo, Adolfo Suárez ha tomado la decisión de desplazar a Areilza y, para ello, se reúne personalmente con los principales líderes de la formación. El 3 de mayo, se dirige de nuevo a los españoles para explicar las razones de la legalización del PCE y para anunciar que concurrirá a las elecciones a la cabeza de una coalición llamada Unión de Centro Democrático (UCD).

En esas semanas surgen centenares de partidos, con especial presencia mediática, de derecha a izquierda, del Partido Comunista de Santiago Carrillo, los partidos socialistas de Felipe González (PSOE) y de Tierno Galván (PSP), y la Alianza Popular de Manuel Fraga. Todos ellos se lanzan a la carrera electoral con el vértigo de desconocer, realmente, cuál es el apoyo que van a conseguir en las urnas. Es el juego democrático.

---

[2] Alfonso Osorio, *Trayectoria política de un ministro de la Corona,* Planeta, Barcelona, 1980, pág. 301.

60
La renuncia de don Juan

Catorce de mayo de 1977. Un mes y un día para las elecciones. El Palacio de la Zarzuela acoge un acto de trascendencia histórica con profundas repercusiones personales en la familia real, pero el Gobierno quiere que sea un acto privado, desconocido para la opinión pública, irrelevante para todos, porque no quiere que nada pueda enturbiar el proceso político del último año y medio.

Es la renuncia formal de don Juan de Borbón a los derechos dinásticos que heredó de su padre, Alfonso XIII. Durante treinta y seis años, el padre de don Juan Carlos ha llevado sobre sus hombros el peso de la dinastía y ha sido el jefe de la familia real en el exilio. En ese tiempo, don Juan ha hecho todo lo que estaba en su mano por recuperar el trono.

Es más: fue don Juan quien estableció un vínculo entre la monarquía y la democracia, porque él fue el primero que en plena posguerra se enfrentó a Franco y se alineó con las democracias occidentales (monarquías y repúblicas) para señalar que si los Borbones volvían a reinar en España sólo podía ser en democracia. Y porque él fue quien decidió enviar a su hijo a España con sólo once años de edad para que conociera su país, con el único propósito de mantener viva una llama de dos esperanzas que eran la misma: la monárquica y la democrática.

Por eso, el 14 de mayo de 1977, en el Palacio de la Zarzuela, don Juan va a pronunciar un discurso que será el colofón a su vida política, el discurso de alguien que ha sido padre de rey e hijo de rey, pero que nunca reinará. Ese es don Juan, y en sus palabras está el orgullo de quien ha servido a su familia y a su país, alguien que ha sabido mantener viva la llama dinástica, pero que ha sido maltratado por la historia y por sus protagonistas. De alguna manera, el hecho de que su último discurso no pueda ser público, que no pueda pronunciarlo en un acto solemne en el Panteón de los Reyes ante el féretro de su padre, es la prueba de que, hasta el final de sus días, don Juan está condenado a jugar un papel subalterno ante la opinión pública de su tiempo.

En el Palacio de la Zarzuela está la familia real al completo, el ministro de Justicia, como notario mayor del reino; el jefe de la Casa de don Juan, y dos miembros del Consejo Privado del padre del rey. El hijo de Alfonso XIII toma la palabra recordando otras que pronunció su padre: «Mi hijo, el príncipe don Juan, encarna en su persona la institución monárquica y será el día de mañana, cuando España lo juzgue oportuno, el rey de todos los españoles»[1].

Don Juan recuerda que con veintiocho años asumió el legado histórico de la monarquía española y la custodia de sus derechos. Lo asumió creyendo en la unidad de la patria, «admitiendo su enriquecimiento con las peculiaridades regionales», en el respeto a la voluntad popular, la defensa de

---

[1] Luis María Anson, *Don Juan,* Plaza & Janés, Barcelona, 1994, págs. 411-414.

los derechos personales y la custodia de la tradición y el deseo del mayor bienestar posible «promoviendo los avances sociales justos». Don Juan es un demócrata y le dice a su hijo, el rey, lo mismo que ha defendido para sí desde 1942:

—En suma, el rey tiene que serlo para todos los españoles. Fiel a estos principios, durante treinta y seis años he venido sosteniendo invariablemente que la institución monárquica ha de adecuarse a las realidades sociales que los tiempos demandan; que el rey tenía que ejercer un poder arbitral por encima de los partidos políticos y clases sociales sin distinciones; que la monarquía tenía que ser un Estado de Derecho en el que gobernantes y gobernados han de estar sometidos a las leyes dictadas por los organismos legislativos constituidos por una auténtica representación popular; que aun siendo la religión católica la profesada por la mayoría del pueblo español, había que respetar el ejercicio y la práctica de las otras religiones dentro de un régimen de libertad de cultos, como estableció el Concilio Vaticano II, y, finalmente, que España, por su historia y por su presente, tiene derecho a participar destacadamente en el concierto de las naciones del mundo civilizado.

Don Juan sabe que durante esos treinta y seis años ha sufrido una campaña de desprestigio permanente desde el régimen de Franco. Es más, el general se ha tomado como algo personal impedir que don Juan pudiera reinar incluso después de su muerte. Incluso ha querido desgastarlo dando opciones a su hijo y creando una legalidad *ad hoc* para poder nombrarlo sucesor. El juego ha sido muy sucio, y don Juan ha tenido que soportarlo todo: desprestigio personal, enfrentamientos con su hijo y, como hoy, la irrelevancia.

—No siempre este mi pensamiento político llegó exactamente a conocimiento de los españoles, a pesar de haber estado en todo momento presidido por el mejor deseo de servir a España. También sobre mi persona y sobre la monarquía se vertieron toda clase de juicios adversos, pero hoy veo con satisfacción que el tiempo los está rectificando.

Y así, don Juan de Borbón y Battenberg, el niño que no nació para rey (porque era el quinto hijo, tercero varón), el hombre que pudo reinar, el padre que supo renunciar, concluye un discurso para la historia en la más estricta intimidad:

—En virtud de esta mi renuncia, sucede en la plenitud de los derechos dinásticos como rey de España a mi padre el rey Alfonso XIII, mi hijo y heredero el rey Juan Carlos I.

Finalizado el discurso, don Juan se cuadra ante su hijo, el rey. Inclina la cabeza y afirma:

—Majestad, por España, todo por España. Viva España. Viva el rey.

Han sido cinco minutos para cerrar una vida política sobrevenida. Don Juan Carlos actúa como rey y toma la palabra:

—Comprendo que fue dura la separación de un hijo, para que se educase en su patria, entre españoles, y se formase debidamente para servirla cuando fuese necesario. Considero que he asimilado por completo la gran lección que encierra esta decisión.

Sin duda, aquella decisión de don Juan debió ser dura para el padre que entrega a su hijo a su principal adversario, y lo hace por un bien superior. Pero ¿y para ese hijo de once años? ¿Cuánto se le robó a ese niño por satisfacer ese bien superior?

—La educación que he recibido y de la que me siento satisfechísimo me ha formado en el cumplimiento del deber, en el servicio al pueblo español, en la entrega absoluta a ese gran ideal que es nuestra patria, con su espléndido pasado, su presente apasionante y su futuro lleno de esperanzas.

Don Juan Carlos reconoce a su padre el «gran acto de servicio» que supone la renuncia de los derechos dinásticos y elogia su «abnegación y desinterés». No es poca cosa, porque es un eslabón necesario en el planteamiento de legalidad y legitimidad que Torcuato Fernández-Miranda ha diseñado para reconducir la distorsión que el franquismo y la Segunda República han supuesto en la continuidad histórica de la monarquía española. La legitimidad del sistema político que saldrá de las urnas sólo un mes y un día después también depende de este acto y de la generosidad de don Juan.

—En estos momentos de indudable trascendencia para España y para nuestra familia, y al recibir de tus manos el legado histórico que me entregas, quiero rendirte el emocionado tributo de mi cariño filial, unido al respeto profundo que siempre te he profesado, al comprender desde niño que sobre todo y por encima de todo tú no has tenido nunca otro ideal que la entrega absoluta al servicio del pueblo español.

Don Juan Carlos abraza a su padre. La línea dinástica vuelve a su cauce, ese que rompió Francisco Franco cuando decidió inventarse el título de Príncipe de España, considerar España un reino sin monarca y arrogarse la potestad de designar sucesor a título de rey.

Epílogo
15-J, elecciones libres

Han pasado diecinueve meses desde la muerte de Franco y el rey ha cumplido su promesa de entregar la soberanía nacional al pueblo español. Después de 571 días de su proclamación como jefe del Estado, don Juan Carlos ha renunciado a casi todos sus poderes y los españoles se disponen a votar para elegir unas Cortes Constituyentes que deberán elaborar una Constitución democrática de consenso. Será la primera vez en la historia de España.

El camino no ha sido fácil, pero en una equilibrada mezcla de inteligencia, audacia y carisma Juan Carlos I ha conseguido devolver España a la democracia, a pesar de que casi nadie creía en él y de que Franco había dejado todo atado y bien atado. Durante este tiempo ha contado con el apoyo leal de dos políticos de primer nivel que se sumaron al proyecto con entusiasmo y pusieron todo de su parte para alcanzar el objetivo marcado: Adolfo Suárez y Torcuato Fernández-Miranda. Como el presidente de las Cortes le contó a Martín Villa, la transición es una obra de teatro en la que el empresario es el rey, el autor es Fernández-Miranda y el actor es Adolfo Suárez. Un triángulo virtuoso.

La Transición española es un proceso coral capitaneado por el rey, pero que no habría salido bien sin la colaboración de muchas otras personas que supieron entender su tiempo. Muchos ya han jugado un papel importante en estas páginas, y adquirirán mayor protagonismo en el futuro: Santiago Carrillo, Manuel Fraga, Felipe González. Otros se irán incorporando en los próximos años, pero en todos los sectores irrumpieron mentes abiertas siempre dispuestas al pacto y el aperturismo, como el general Gutiérrez Mellado, el cardenal Tarancón o el sindicalista Marcelino Camacho.

Fueron esenciales la generosidad de la derecha, que supo renunciar a su posición privilegiada, y la generosidad de la izquierda, que supo combinar la presión para acelerar los trámites hacia la democracia con la altura de miras para sumarse al plan reformista. Y de fondo, como un río, el entusiasmo de un pueblo, el español, que por primera vez en la historia no fue arrastrado por sus élites hacia posiciones extremosas, sino guiado por su rey hacia la moderación y el consenso.

Es por eso que la obra pictórica que mejor representará lo acontecido en España en estos diecinueve meses llevará por título *El abrazo* y la pintará Juan Genovés.

Son las nueve de la mañana del miércoles 15 de junio de 1977. Los colegios electorales abren sus puertas. Los españoles tienen la palabra. Es la hora de la reconciliación.

Agradecimientos

A escribir un libro nunca se empieza cuando se teclea la primera palabra. Del mismo modo, cuando se pone el punto final la obra deja de pertenecer al autor y adquiere vida propia. En el caso de *Objetivo: Democracia* estas dos reflexiones son radicalmente ciertas, porque a partir de ahora, y con más razón si cabe tras el reconocimiento del Premio Espasa 2024, este libro pertenece a todas aquellas personas que quieran apoyarse en él como sustrato teórico para defender y divulgar la Transición.

Es justo hacer una mención a todos los que me apoyaron mientras lo escribía.

A mis padres, Carmen y Faustino, y a mi compañera en *ABC* Ana Sánchez, que con inmensa generosidad fueron leyendo estas páginas a medida que iban creándose. Todos ellos realizaron aportaciones importantes para el resultado final.

A mi pequeña familia, Susana y Juan, que siempre saben propiciar el ambiente idóneo con paciencia y entusiasmo.

A mi gran familia, también la política, que siempre está cuando se la necesita.

Y, cómo no, gracias al jurado del Premio Espasa, que me ha honrado con su reconocimiento por unanimidad:

Pedro García Barreno, Leopoldo Abadía, Emilio del Río, Fernando Rodríguez Lafuente y Pilar Cortés.

Objetivo: Democracia ya no me pertenece. Es la hora de defender la Transición y a quienes la hicieron posible. Gracias por adelantado.

Bibliografía

Objetivo: Democracia es una crónica escrita en 2024, cuando están a punto de cumplirse los primeros cincuenta años desde la muerte de Franco.

Más allá de las publicaciones periódicas de la época, la prensa y las revistas, el proceso que se abrió entonces cuenta con un cronista excepcional, Joaquín Bardavío. Al inicio de la década de los noventa empezó a adquirirse ya una cierta distancia con los acontecimientos y empezaron a publicarse los primeros ensayos destacados, que son los que han fijado el relato de lo que aconteció en España a partir del 20 de noviembre de 1975: José Luis de Vilallonga, Charles Powell, Victoria Prego, Paul Preston y Pilar y Alfonso Fernández-Miranda establecieron los márgenes del relato histórico, así como la interpretación más certera de lo que entonces ocurrió. Mención especial merece también el libro que sobre don Juan de Borbón publicó Luis María Anson.

Para la reconstrucción de aquel proceso hay que tener en cuenta dos publicaciones más, así como los innumerables libros de memorias de los protagonistas de la Transición, que aún siguen publicándose en la tercera década del siglo XXI. Me refiero a *Historia de la Transición. Diez años que cambiaron España, 1973-1983*, publicado por *Diario 16* en 1985, e *Histo-*

ria de la democracia, 1975-1995. Veinte años de nuestra vida, que *El Mundo* editó al cumplirse los veinte años de la muerte de Franco.

Con todo ello, aunque no sólo, se ha escrito esta crónica, un relato minucioso de lo que sucedió en España entre el 20 de noviembre de 1975 y el 15 de junio de 1977, cuando los ciudadanos votaron libremente en unas elecciones generales. A todos los autores, el agradecimiento y el reconocimiento por una labor esencial para el conocimiento de nuestra historia.

También merecen una mención los periodistas que cubrieron aquellos años para los periódicos, como Justino Sinova, Pedro J. Ramírez, Pilar Urbano o tantos otros, o informadores que ocuparon puestos destacados en los primeros Gobiernos democráticos, como Fernando Ónega o Julián Barriga, y que años después han sabido divulgar con distancia lo que entonces aconteció.

Libros

ALCOCER, José Luis, *Fernández-Miranda: agonía de un Estado,* Planeta, Barcelona, 1980.

ANSON, Luis María, *Don Juan,* Plaza & Janés, Barcelona, 1994.

APEZARENA, José, *Todos los hombres del Rey,* Plaza & Janés, Barcelona, 1997.

BARDAVÍO, Joaquín, *La crisis. Historia de quince días,* Sedmay Ediciones, Madrid, 1974.

— *Políticos para una crisis,* Sedmay Ediciones, Madrid, 1975.

— *El dilema,* Strips Editores, Madrid, 1978.

— *Los silencios del Rey,* Strips Editores, Madrid, 1979.

— *Las claves del Rey: el laberinto de la transición,* Espasa-Calpe, Madrid, 1995.

Bardavío, Joaquín y Sinova, Justino, *Todo Franco,* Plaza & Janés, Barcelona, 2000.

Carabantes, Andrés y Cimorra, Eusebio, *Un mito llamado Pasionaria,* Planeta, Barcelona, 1982.

Cerdán, Manuel, *Matar a Carrero: la conspiración,* Plaza & Janés, Barcelona, 2013.

Cernuda, Pilar, Oneto, José, Pi, Ramón y Ramírez, Pedro J., *Todo un Rey,* Editorial EYE, Madrid, 1981.

Colomer, Josep M., *El arte de la manipulación política,* Anagrama, Barcelona, 2006.

De la Cierva, Ricardo, *Franco, Don Juan. Los reyes sin corona,* Época, Madrid, 1992.

— *La lucha por el poder. Así cayó Arias Navarro,* ABC, Madrid, 1996.

Equipo Mundo, *Los 90 ministros de Franco,* Editorial Dopesa, Madrid, 1970.

Fernández-Miranda, Juan, *El guionista de la Transición,* Plaza & Janés, Barcelona, 2015.

Fernández-Miranda, Juan y Chicote Lerena, Javier, *El jefe de los espías,* Roca Editorial, Barcelona, 2021.

Fernández-Miranda, Juan y García Calero, Jesús, *Don Juan contra Franco. Los archivos secretos de la última conspiración monárquica,* Plaza & Janés, Barcelona, 2018.

Fernández-Miranda, Pilar y Alfonso, *Lo que el Rey me ha pedido: Torcuato Fernández-Miranda y la reforma política,* Plaza & Janés, Barcelona, 1995.

Fusi, Juan Pablo, *Franco, autoritarismo y poder personal,* El País, Madrid, 1985.

Hernández, Abel, *Suárez y el Rey,* Espasa, Madrid, 2009.

Jiménez Blanco, José, *De Franco a las elecciones generales,* Tecnos, Madrid, 1978.

Morán, Gregorio, *Adolfo Suárez: historia de una ambición,* Planeta, Barcelona, 1979.

— *Adolfo Suárez: Ambición y destino,* Debate, Barcelona, 2009.

Ónega, Fernando, *Juan Carlos I. El hombre que pudo reinar,* Plaza & Janés, Barcelona, 1979.

— *Puedo prometer y prometo: Memorias de Adolfo Suárez,* Plaza & Janés, Barcelona, 2013.

Ortega Díaz-Ambrona, Juan Antonio, *El Grupo Tácito. Un precursor del centrismo de UCD (1973-1977),* CEU Ediciones, Madrid, 2023.

Pinilla García, Alfonso, *La Transición en España. España en transición,* Alianza, Madrid, 2021.

— *La legalización del PCE. La historia no contada (1974-1977),* Alianza, Madrid, 2017.

Powell, Charles, *El piloto del cambio. El rey, la Monarquía y la transición a la democracia,* Planeta, Barcelona, 1991.

— *El amigo americano. España y Estados Unidos: de la dictadura a la democracia,* Galaxia Gutenberg, Barcelona, 2011.

Prego, Victoria, *Así se hizo la Transición,* Plaza & Janés, Barcelona, 1995.

— *Diccionario de la Transición,* Plaza & Janés, Barcelona, 1999.

Preston, Paul, *La Guerra Civil española. 1936-1939,* Plaza & Janés, Barcelona, 2000.

— *Juan Carlos, el rey de un pueblo,* Plaza & Janés, Barcelona, 2003.

Ramírez, Pedro J., *Así se ganaron las elecciones,* Planeta, Barcelona, 1977.

Tusell, Xavier, *La oposición democrática al franquismo (1939-1962),* Planeta, Barcelona, 1977.

Urbano, Pilar, *La Reina,* Plaza & Janés, Barcelona, 1996.

— *El precio del trono,* Planeta, Barcelona, 2011.

— *La gran desmemoria. Lo que Suárez olvidó y el Rey prefiere no recordar,* Planeta, Barcelona, 2014.

Vilallonga, José Luis de, *El Rey. Conversaciones con Don Juan Carlos I de España,* Plaza & Janés, Barcelona, 1993.

— *Franco y el Rey: La espera y la esperanza,* Plaza & Janés, Barcelona, 1998.

Memorias

Álvarez de Miranda, Fernando, *La España que soñé. Recuerdos de un hombre de consenso,* La Esfera de los Libros, Madrid, 2013.

Areilza, José María de, *Diario de un ministro de la monarquía,* Planeta, Barcelona, 1977.

— *Cuadernos de la Transición,* Planeta, Barcelona, 1983.

— *A lo largo del siglo,* Planeta, Barcelona, 1992.

Cano Iniesta, Carlos, *Memorias y recuerdos,* Planeta, Barcelona, 1984.

Carrillo, Santiago, *Mi testamento político,* Galaxia Gutenberg, Barcelona, 2012.

Enrique y Tarancón, Vicente, *Confesiones,* Editorial PPC, Madrid, 1996.

Fraga Iribarne, Manuel, *Memoria breve de una vida pública,* Planeta, Barcelona, 1980.

— *En busca del tiempo servido,* Planeta, Barcelona, 1987.

Fuente, Licinio de la, *Valió la pena,* EDAF, Madrid, 1997.

López Rodó, Laureano, *La larga marcha hacia la monarquía,* Plaza & Janés, Barcelona, 1979.

MARTÍN DESCALZO, José Luis, *Tarancón, el cardenal del cambio,* Planeta, Barcelona, 1982.

MARTÍN VILLA, Rodolfo, *Al servicio del Estado,* Planeta, Barcelona, 1985.

— «Claves de la Transición», Discurso de entrada en la Real Academia de las Ciencias Morales y Políticas, 2014.

ORTÍ BORDÁS, José Miguel, *La Transición desde dentro,* Planeta, Barcelona, 2009.

OSORIO, Alfonso, *Trayectoria política de un ministro de la Corona,* Planeta, Barcelona, 1980.

TIERNO GALVÁN, Enrique, *Cabos sueltos,* Bruguera, Barcelona, 2008.

UTRERA MOLINA, José, *Sin cambiar de bandera,* Planeta, Barcelona, 2008.

ANTOLOGÍAS

El franquismo año a año, El Mundo, Unidad Editorial, Madrid, 2006.

Historia de la democracia, 1975-1995. Veinte años de nuestra vida, El Mundo, Unidad Editorial, Madrid, 1995.

Historia de la Transición. Diez años que cambiaron España, 1973-1983, 2 vols., Diario 16, Madrid, 1985.

La Transición, capítulos 1 a 12, TVE, 1995.

El País 1976-2006. Una historia de 30 años, El País, Madrid, 2006.

XXV años de Rey, ABC, Madrid, 2000.

ÍNDICE ONOMÁSTICO